박수정 지음

CONTEXTUAL ENGLISH VOCABULARY & GRAMMAR FOR KOREANS

: SENTENCES, DIALOGS, & STORIES

제2언어 습득 이론과 어휘 — 문법 통합 학습 원리를 기반으로

HANYANG UNIVERSITY PRESS

이 책은 아버지, 어머니, 사랑하는 가족에게 바치며

서적 집필을 항상 독려해 주시고 제작에 힘써 주시는
한양대학교 출판부에 감사의 말씀을 드린다.

Contents

Introduction

English Vocabulary and Grammar :

From Theory and Research to the Classroom

일반적으로 '외국어'로 불리는 언어는 외국어 습득 분야에서는 '제2의 언어'(second language) 또는 학습자가 습득하기를 목표로 하는 '목표어'(target language)로 일컬어진다. 이러한 학습자의 제2 언어 또는 목표어 습득 과정에서 필수불가결한 요소로 학자들은 크게 입력(input), 출력(output), 상호작용(interaction), 그리고 이러한 모든 과정에서의 학습자의 의식적인 주목(noticing)을 주장한다(e.g., Gass & Mackey, 2020; Loewen & Sato, 2018).

제2 언어 습득(second language acquisition 또는 SLA) 분야에서 '입력'이란 듣기 또는 읽기 활동을 통해 학습자에게 노출되는 언어 자료를 의미하며 '출력'이란 말하기 또는 쓰기 활동을 통해 학습자 스스로가 생산하는 언어 자료를 의미한다. '상호작용'은 이러한 입력과 출력을 통해 상대방과의 의미 협상(negotiation for meaning) 또는 형태 협상(negotiation of form)이 일어나는 과정, 즉 학습자 간의 상호작용 또는 교수자와 학습자 간의 상호작용을 의미한다. 이러한 입력, 출력, 상호작용과 같은 활동을 통해, 그리고 이 모든 과정에서 학습자의 의식적인 주목이 발생할 때, 제2 언어 습득이 이루어지는 것으로 대부분의 학자들은 동의하고 있다.

이 책은 한국인 영어 교수자와 학습자를 대상으로 하여, 영어 의사소통 능력 함양을 궁극적인 목표로 한 영어 어휘-문법의 통합 학습 서적으로, 입력, 출력, 상호 작용, 학습자의 의식적인 주목과 같은 제2 언어 습득의 기본적이면서도 필수적인 이론에 더해 관련된 세부적인 외국어 습득 이론들을 본 서적의 내용 집필 및 구성에 적용하였다. 이 책은 English Vocabulary and Grammar: From Theory and Research to the Classroom으로 시작하여 이후의 각 장은 Part 1, Part 2, Part 3로 구성하였다. Part 1은 meaning-focused task와 language-focused task로, Part 2는 verb study / theme study, idioms and proverbs, phrasal verbs, variety / register / nuance, breaking words into parts, 그리고 confusing aspects of English로 구성되었다. 마지막 Part 3는 fluency development with dialogs와 fluency development in sentences로 구성하였다. 아래에서는 이러한 Parts 1, 2, 3의 세부 섹션들에서 제2 언어 습득 이론들이 어떤 식으로 설계 및 반영되었는지 이론과 실제의 연결고리를 구체적으로 설명하고자 한다.

Part 1

Meaning-focused task:
Listen to OR read the story / Listen to OR read the dialog

대부분의 제2 언어 학습자들에게 있어 어휘 학습(knowing a word)이란 개별 단어의 의미를 아는 것으로 국한되어 이해되는 경향이 있다. 하지만 어휘 학습의 궁극적 목표는 개별 단어, 구, 또는 문장 단위에서의 이해 및 사용에서 벗어나 구어, 문어의 확장된, 서로 연결된 텍스트상에서의 의미 이해 및 전달에 그 목표가 있다(Nation, 2022). 이러한 차원에서 각 장의 첫 번째 활동인 meaning-focused task에서는 해당 장의 목표 어휘를 스토리(story)[1]와 대화(dialog)의 형식을 이용하여 특정 문맥이 있는 텍스트 속의 내재된 어휘로 제시하여 학습자의 전체 지문의 의미 이해에 활동의 목표를 둔다. 또한 어휘 학습에 있어 문맥이 있는 텍스트의 사용은 학습자로 하여금 어휘의 의미 및 사용 환경에 대한 유추 기술을 연습하게 하고 학습한 해당 어휘의 장기 기억 보존에도 큰 도움이 되는 것으로 밝혀져 왔다(e.g., Nation, 2022; Thornbury, 2002). 따라서 교수자는 본 서적의 meaning-focused task를 활용하여 어휘 학습에 있어서 매우 효율적으로 사용될 수 있는 학습자의 유추 기술과 같은 인지적인 전략 기술의 함양도 유도할 수 있다. 마지막으로 스토리, 대화와 같은 텍스트 단위의 언어 학습 자료를 생성함에 있어 교재 개발자 또는 교수자가 반드시 고려해야 하는 원리는 텍스트 내용이 학습자에게 현실적이고 흥미로워야 한다는 점이다(e.g., Nation, 2022; Tomlinson, 2016). 즉 학습자의 현실 상황에서 개연성이 있거나 그들의 정서를 자극할 수 있는 흥미로운 내용일 경우, 학습자는 해당 텍스트의 내용으로의 몰입이 가능하고 결과적으로 그 텍스트에 사용된 언어 형태로의 주목이 일어나면서 어휘 및 전반적인 언어 학습이 일어날 수 있다. 따라서 이 책은 이러한 제2 언어 습득 이론들을 반영하여 각 장을 스토리와 대화 형태의 문맥이 있는, 확장된 텍스트 단위로 구성된 meaning-focused task로 시작한다.

Language-focused task: Translate the Korean into English

이 책의 language-focused task는 학습자의 한국어를 영어로의 번역을 시도하는 출력 활동으로, Swain (1985, 1995, 2005)의 출력 가설(output hypothesis)에 이론적 배경을 두고 있다. 출력 가설에 따르면 말하기, 쓰기와 같은 출력 활동은 학습자들의 목표어 습득 과정에서 여러 유익한 기능을 가지는 것으로 주장된다. 출력 가설은 몰입교육(immersion education) 환경에 대한 Swain의 관찰 연구에서 비롯된 이론으로, 몰입교육이란 제2의 언어 사용을 통해 교과목의 전문 내용을 학습하는, 즉 교과목의 전문 내용 습득과 목표어의 습득을 동시적인 목표로 하는 교수 방식이다.

Swain은 캐나다 지역의 프랑스어 몰입 교실 환경을 수년에 걸쳐 관찰 및 연구하였고 그 결과 학습자들은 듣기, 읽기 활동과 같은 언어 입력, 즉 언어 수용 스킬(receptive skills)을 주로 연습하는 반면, 말하기, 쓰기와 같은 언어 출력, 즉 언어 사용(production) 기회는 매우 제한적으로 제공됨이 관찰되었다. 학습자의 언어 사용에 대한 교수자의 피드백도 정확성에 중점을 두지 않아, 결과적으로 학습자들은 듣기, 읽기 능력, 즉 목표어를 이해하는 능력은 원어민의 수준에 가까운 반면, 말하기, 쓰기에서 나타나는 언어 사용은 그 정확성이 매우 미흡한 것으로 밝혀졌다. 즉 이 연구 결과가 의미하는 것은 제2 언어 습득에 있어서 듣기, 읽기와 같은 언어 입력 활동 외에도 말하기, 쓰기와 같은 언

1 본 서적에서의 '스토리'의 의미는 문학 장르에서의 배경, 등장인물, 사건의 발생, 사건의 해결, 교훈 등으로 마무리 되는 구성이 아닌 1인칭 시점의 학습자의 관점에서 일상 생활에서 실제적으로 겪을 수 있는 비문학적인 이야기를 영어로 구술한 내용을 의미한다.

어 출력 활동도 없어서는 안될 매우 중요한 교실 활동이라는 점이다.

Swain은 구체적으로 출력 활동의 3가지 잠재적 기능을 제안했다. 첫째는 주목(noticing) 기능으로, 목표어를 사용하여 학습자가 의도한 의미를 정확하고 적절한 방식으로 표현하려는 과정에서 현재 본인이 가진 목표어 시스템에 특정 결핍(gap or hole)이 있다는 것을 학습자 스스로 인지하게 된다는 기능이다. 두번째 기능은 가설 점검(hypothesis testing) 기능으로, 학습자가 목표어 학습 과정에서 형성하게 되는 특정 언어 가설을 반영하여 목표어를 구사할 때 상대방과의 상호 작용에서 나타나는 반응을 피드백으로 활용해 학습자 스스로가 목표어에 대한 본인 가설의 정확성 여부를 확인할 수 있다는 것이다. 마지막 출력의 기능은 학습자의 메타 언어적 사고(metalinguistic reflections)를 유도할 수 있다는 것인데, 말하기, 쓰기와 같은 활동을 수행하게 되면 듣기, 읽기와 같은 입력 활동에서 주로 일어나는 학습자의 의미 중심의 언어 처리 과정이 언어 형태, 통사적 구조, 언어 사용의 적절성 등의 영역으로 언어 처리 과정이 변환되면서 언어에 대한 언어적인 사고, 즉 메타 언어적 사고가 가능해진다는 기능이다.

따라서 본 서적의 language-focused task는 한국어를 영어로 번역하는 출력 활동이 주 활동으로, 한국어로 의미가 제시된 상황에서 학습자는 이를 영어로 표현하는 시도를 하게 되고, 이 과정에서 본인의 현재 수준의 목표어 시스템에서 결핍되어 있는 요소들을 구체적으로 인지하도록 유도한다. 또한 본 섹션에서는 해당 한국어에 상응하는 모범 영어 텍스트가 제시되어 있어 학습자는 본인이 현재 구축해 놓은 본인의 목표어 시스템과 궁극적으로 달성하고자 하는 목표어 시스템 사이의 인지적인 비교(cognitive comparisons)도 수행 가능하다. 출력의 또 다른 기능인 상호 작용을 통한 학습자의 목표어 가설 점검 기회는 교수자와 학습자가 처한 교실 환경에 따라 달라질 수 있는데, 교수자의 학습자 간의 상호 작용 활동 설계를 통해 또는 교수자와 학습자간의 상호 작용을 통해 학습자가 형성하고 있는 목표어에 대한 언어적 가설을 확인해 볼 수 있도록 유도할 수 있다. 출력의 마지막 기능인 학습자의 메타 언어적 사고의 촉진을 위해서는 본 섹션에서는 학습자의 목표어 출력을 유도하는 language-focused task의 지시문(directions)의 사용 외에도 특정 어휘의 사용, 형태, 또는 문장 구조를 이해하는데 도움이 될 수 있는 구체적인 메타 언어적인 내용을 다룬 미니 섹션을 추가적으로 제공하였다. 따라서 본 서적의 language-focused task는 Swain의 출력 가설의 3가지 기능을 교수자의 지도와 더불어 학습자가 모두 경험 및 수행할 수 있도록 구성하였다.

특히 본 섹션에서 사용된 한국어 텍스트는 선행 섹션인 meaning-focused task의 영어 텍스트를 한국어로 번역한 것이다. 즉 본 섹션은 선행 섹션에서 듣기 또는 읽기를 통해 이미 (학습자의 개인적인 수준에 따라) 완전히 또는 부분적으로 의미가 이해된 텍스트를 영어로 다시 표현할 수 있는지를 시험하는 기능도 함으로써 학습자들은 본인들의 목표어에 대한 이해 능력과 목표어를 정확하고 적절하게 사용할 수 있는 실제 목표어 사용 능력 사이에 어느 정도의 차이가 존재하는지, 그리고 그 차이의 영역들은 구체적으로 어떤 언어적인 요소들인지에 대해 더욱 분명히 인지할 수 있게 될 것이다. 이는 결과적으로 현재 학습자가 구축해 놓은 본인의 목표어 시스템을 더욱 발전시킬 수 있는 촉진제가 될 것으로 사료된다.

Part 2

외국어 어휘 학습 및 지도 분야의 대표적인 학자인 Nation(2022)은 '단어를 안다는 것'(knowing a word)의 의미를 다음과 같이 서술하였다.

> There are numerous things to know about a word, namely its form (spoken, written, and its component affixes and stem), its meaning (underlying concept, particular instantiations, and associations), and its use (collocations, grammatical patterns, and constraints on its use). (p. 122)

어휘 지도 서적인 'How to teach vocabulary'를 저술한 Thornbury(2002) 역시 '특정 단어를 안다는 것'의 의미는 그 단어의 다양한 의미(meanings), 스펠링(spellings), 구성 요소(affixes and stems), 발음(pronunciation), 품사(parts of speech), 파생 품사 또는 파생 단어들(derivations or derived words), 연어(collocations), 문법적인 패턴(grammatical patterns), 단어에 내포되어 있는 격식의 정도 차이(register), 단어의 빈도수(frequency) 등을 모두 아는 것이라고 저술하였다.

본 서적의 Part 2는 이러한 Nation(2022)과 Thornbury(2002)의 어휘 학습 및 지도 이론을 기초로 하여 1 Verb study / Theme study 섹션에서는 영어 문장을 구성하는데 있어 핵심적인 품사인 동사를 집중적으로 다루며, 특히 기본적인 동사이면서도 다양한 상황에서 다양한 의미로 사용되는 빈도수가 높은 동사들을 중심으로 하여 어휘 학습의 효율성 증진을 목표로 하였다. 또한 핵심 동사별 어휘 학습 외에도 주제별 어휘 학습도 구성하여 공통 주제 하에 서로 관련된 어휘를 지도함으로써 학습의 효과를 높이고 보다 폭넓은 어휘 학습이 되도록 조직하였다. 2 Idioms & proverbs 섹션에서는 영어 숙어와 속담 중 빈도수가 높은 표현들을 선별하여 언어적인 학습에 더해 영어권 문화에 대한 이해도 함양될 수 있도록 구성하였고 3 Phrasal verbs 섹션은 비격식적인 상황에서 흔히 사용되는 영어 동사의 종류가 구동사임을 반영하여 단독 구동사 섹션을 두고 각 장에서 학습하는 어휘 및 주제와 연관된 구동사를 모아 집중 학습한다. 4 Variety / Register / Nuance 섹션은 어휘 사용의 적절성과 관련된 내용으로, 대부분의 언어가 그러하듯 영어도 지역별, 상황적 다양성 등으로 인해 어휘 사용에 있어 특정한 제약이 가해진다. 구체적으로, 미국식 영어, 영국식 영어와 같은 국가별 다양성으로 인한 단어 사용의 차이, 또는 미국이라는 동일 국가 내에서의 세부 지역에 따른 단어 사용의 차이, 상황 또는 상대방에 따른 적절한 단어 사용의 선택, 특정 단어 및 표현 자체에 내재된 언어의 뉘앙스적인 차이 등이 그러한 내용이다. 본 섹션에서는 이러한 언어의 적절성과 관련된 내용을 각 장에서 학습한 어휘, 주제와 관련이 있는 특정 단어, 표현들로 국한하여 제한적으로 다루지만, 영어가 모국어가 아닌 학습자들이 이러한 목표어의 단어, 표현들의 미묘한 차이를 정확히 이해할 수 있도록 관련 내용을 구체적이고 명시적으로 설명한다. 5 Breaking words into parts 섹션은 접사(affixes)와 같은 단어의 구성 요소들(word parts)을 학습자에게 소개하여 새로운 단어를 장기 기억하고 단어의 의미와 품사도 유추 가능하도록 하여 효과적이면서도 효율적인 어휘 학습을 목표로 하였다. 마지막으로 6 Confusing aspects of English 섹션에서는 각 장의 어휘, 주제와 관련하여 학습자들에게 혼란스러울 수 있거나 특별한 주의가 필요한 특정 단어, 표현, 구문들을 명시적으로 다루면서 Part 2를 마무리한다.

Part 3

제2 언어의 어휘 학습은 특정 어휘에 대한 교수자의 의도적인 지도 또는 지도의 양과 관계없이 지도의 형태가 단발적인 형태라면 효과적인 어휘 학습으로 이어지지 않고, 교수자의 어휘 지도가 상당 기간 반복적이고 누적이 되는 형태라면 해당 어휘의 학습 효과가 높은 것으로 밝혀져 왔다(e.g., Nation, 2022; Tomlinson, 2016; Webb & Nation, 2017). 이를 반영하여 본 서적에서는 이전의 장에서 학습한 단어, 표현, 구문이 이 후의 장에서 사용될 때마다 이전의 문장들을 다시 제시하여 학습자에게 반복적인 노출이 되도록 설계하였고, 따라서 학습자는 동일한 단어, 표현, 구문이지만 다양한 의미적, 언어적인 상황에서 사용된 예시들을 접하게 되어, 해당 언어 형태에 대한 이해 및 지식이 더욱 심화되는 과정을 경험하게 될 것으로 판단한다. 이러한 학습 과정은 서적 전체에 걸쳐 이루어지도록 설계하였지만, 특히 각 장의 마지막 활동인 Part 3의 1 Fluency development with dialogs 섹션에서는 각 장에서 학습한 어휘를 반복 또는 응용 사용하되 학습자의 의사소통 능력 개발을 위해 대화(dialog)의 형태로 활동을 구축하였고, 2 Fluency development in sentences 섹션에서는 개별 문장(sentence)의 단위를 이용하여 한번 더 학습한 어휘를 반복 또는 새로운 상황에서 응용하여 사용할 수 있도록 추가적인 연습 기회를 제공한다.

SLA-motivated features implemented in Parts I, 2, & 3

본 장의 서두에서 이미 언급되었지만, 어휘 영역을 포함한 모든 제2 언어 영역에서 습득(second language acquisition 또는 SLA)이 일어나기 위한 필수 전제 요건 중 하나로, 학자들은 학습자의 언어 형태로의 '의식적인 주목'(noticing)을 주장한다(e.g., Gass & Mackey, 2020; Loewen & Sato, 2018; Robinson, 2003; Schmidt, 1990, 2001). 습득을 목표로 하는 특정 언어 형태로의 학습자의 주목을 유도하기 위해 여러 종류의 '형태 초점 교수 기법'(focus on form techniques)이 연구되어 왔는데(e.g., Doughty & Williams, 1998), 그 중 한 기법으로 '시각적 입력 강화'(visual input enhancement) 기법이 있다(e.g., Han, Park, & Combs, 2008; Loewen & Inceoglu, 2016; Sharwood Smith, 1993;

VanPatten, 2003; Wong, 2005). 시각적 입력 강화 기법은 교수자가 입력 자료를 학습자에게 제시할 때 특정 언어 형태에 밑줄, 볼드체, 이탤릭체 또는 색상을 입히는 등의 방법을 사용하여 특정 언어 형태로의 학습자의 의식적인 주목을 유도하는 방식이다. 본 서적에서는 이러한 기법을 서적 전반에 걸쳐 학습자의 주목이 필요한 다양한 언어적인 형태에 사용하여 학습자의 의식적인 초점 유도를 목표로 하였다.

학습자의 언어 형태로의 '의식적인 고양'(consciousness raising)을 목표로 하는 또 다른 교수 기법으로, '메타 언어적 설명'(metalinguistic explanations) 기법이 있다(e.g., Shintani, Aubrey, & Donnellan, 2016; Shintani & Ellis, 2013). 이 기법은 목표 언어 형태로 주로 문법적인 언어 형태를 그 대상으로 삼는데, 관련 제2 언어 습득 연구에 따르면, 특정 문법 형태에 대해 명시적인(explicit) 규칙 및 메타 언어적인 설명을 제공할 때, 학습자는 해당 형태에 대해 의식적인 주목(noticing)을 할 뿐 아니라 관련 언어 규칙을 '이해'(understanding)하여 추후의 새로운 상황의 언어 사용 환경에서도 학습한 규칙을 적용하여 이전보다 더 정확히 언어를 사용하는 것으로 밝혀졌다. 하지만 앞서서 논의된 Part 3의 어휘 영역 학습과 관련된 연구 결과와 비슷한 맥락으로, 이러한 문법 규칙에 대한 메타 언어적 설명 기법 역시 1회성의 단발적인 규칙과 설명 제공의 방식보다는 장기간에 걸친 해당 규칙에 대한 반복적인 상기 및 설명 제공이 목표 형태에 대한 습득으로, 즉 명시적인 지식(explicit knowledge)을 넘어서서 장기간 유지되는 암묵적인 지식(implicit knowledge)의 전환으로 이어질 것으로 관련 연구는 제안하였다. 따라서 본 서적에서는 학습이 필요한 특정 문법 요소에 대해 관련 언어적인 예시 문장이 사용될 때마다 해당 규칙과 메타 언어적 설명을 서적 곳곳에 반복적으로 배치함으로써 앞 내용에서 이미 소개되어 학습한 문법 형태를 학습자에게 반복적으로 상기시키고 새로운 상황에서의 적용 및 사용 활동을 유도하였다.

마지막으로 언어 형태로의 학습자의 의식적인 주목도 제2 언어 습득에 있어 필수 조건이지만, Part 2의 meaning-focused task 관련 논의에서도 언급했듯이, 목표어 학습 자료의 내용적인 면도 목표어 습득 과정에 있어 상당히 중요한 요소로 작용한다(Nation, 2022; Tomlinson, 2016). 즉 학습자는 본인의 삶과 연관되고 유익한 내용 자료에 관심을 가지므로(relevance and utility of language materials) 본 서적에서는 문장, 대화, 스토리 단위의 모든 내용적인 자료를 한국인 학습자들의 실제 삶에서 일어날 수 있는 상황들로 다양하게 구성하여, 제2 언어 습득 연구에서 밝혀온 목표어 습득이 이루어지기 위한 전제 환경들을 전 서적에 걸쳐 최대한 반영하였다.

References

Doughty, C., & Williams, J. (1998). Pedagogical choices in focus on form. In C. Doughty & J. Williams (Eds.), *Focus on form in classroom second language acquisition* (pp. 197–261). Cambridge: Cambridge University Press.

Han, Z., Park, E. S., & Combs, C. (2008). Textual enhancement of input: Issues and possibilities. *Applied Linguistics, 29*(4), 597-618.

Gass, S., & Mackey, A. (2020). Input, interaction, and output in second language acquisition. In B. VanPatten, G. Keating, & S. Wulff (Eds.), *Theories in second language acquisition: An introduction* (3rd Ed.) (pp. 192–221). New York: Routledge.

Loewen, S., & Inceoglu, S. (2016). The effectiveness of visual input enhancement on the noticing and L2 development of the Spanish past tense. *Studies in Second Language Learning & Teaching, 6*(1), 89-110.

Loewen, S., & Sato, M. (2018). Interaction and instructed second language acquisition. *Language Teaching, 51*(3), 285-329.

Nation, P. (2022). *Learning vocabulary in another language (3rd Ed.)*. Cambridge: Cambridge University Press.

Robinson, P. (2003). Attention and memory during SLA. In C. Doughty & M. Long (Eds.), *The handbook of second language acquisition* (pp. 631–678). Oxford: Blackwell.

Sharwood, S. M. (1993). Input enhancement in instructed SLA. *Studies in Second Language Acquisition, 15*, 165-179.

Schmidt, R. (1990). The role of consciousness in second language learning. *Applied Linguistics, 11*. 129-158.

Schmidt, R. (2001). Attention. In P. Robinson (Ed.), *Cognition and second language instruction* (pp. 3–32). Cambridge: Cambridge University Press.

Shintani, N., Aubrey, S., & Donnellan, M. (2016). The effects of pre-task and post-task metalinguistic explanations on accuracy in second language writing. *TESOL Quarterly, 50*(4), 945-954.

Shintani, N., & Ellis, R. (2013). The comparative effect of direct written corrective feedback and metalinguistic explanation on learners' explicit and implicit knowledge of the English indefinite article. *Journal of Second Language Writing, 22*, 286-306.

Swain, M. (1985). Communicative competence: Some roles of comprehensible input and comprehensible output in its development. In S. Gass & C. Madden (Eds.), *Input in second language acquisition* (pp. 235–253). Rowley, MA: Newbury.

Swain, M. (1995). Three functions of output in second language learning. In G. Cook & B. Seidlhofer (Eds.), *Principle and practice in applied linguistics* (pp. 125–144). Oxford: Oxford University Press.

Swain, M. (2005). The output hypothesis: Theory and research. In E. Hinkel (Ed.), *Handbook of research in second language teaching and learning* (pp. 471–483). New York: Routledge.

Thornbury, S. (2002). *How to teach vocabulary.* Essex: Pearson Education Limited.

Tomlinson, B. (2016). Achieving a match between SLA theory and materials development. In B. Tomlinson (Ed.), *SLA research and materials development for language learning* (pp. 3–22). New York: Routledge.

VanPatten, B. (2003). *From input to output: A teacher's guide to second language acquisition.* New York: McGraw-Hill.

Webb, S. & Nation, P. (2017). *How vocabulary is learned.* Oxford: Oxford University Press.

Wong, W. (2005). *Input enhancement: From theory and research to the classroom.* New York: McGraw-Hill.

CHAPTER 1

The Verb

Have

Variety:
soda vs. pop vs. soda pop vs. coke

(language) variety란 언어의 다양성을 의미하는 포괄적인 용어로
예를 들어 미국이라는 동일 국가에서도 지역에 따라 단어 사용이 달라진다.
일례로 '탄산 음료'는 New York에서는 soda로
Idaho에서는 soda pop 또는 pop으로, Michigan에서는 pop으로
Georgia에서는 coke으로 표현된다.

1 Meaning-focused task: Listen to OR read the story

I usually have breakfast every morning. To be healthy, it's very important for us to eat breakfast. But sometimes, I have a big breakfast, and I eat it very quickly. But that's not good. Once, I did that and got a stomachache! I also don't skip lunch. I usually eat out with my coworkers. After that, I take a short break and rest a little while. I search the Internet and read the news. During this time, I also enjoy having black tea with honey. Later for dinner, I cook and eat at home. I try to have a small dinner because it's not good to have a big meal at night.

Q1 Do I usually eat breakfast every morning?

저는 매일 아침 식사를 하나요?

- Yes, you usually have breakfast every morning.

  네, 당신은 매일 아침 식사를 합니다.

  (OR) Yes, you usually eat breakfast every morning. (OR) Yes, you do.

Q2 In my office, do I rest for a long time or a short time?

사무실에서 저는 긴 휴식을 취하나요 아니면 짧은 휴식을 취하나요?

- You have a short break in your office.

  당신은 사무실에서 짧은 휴식을 가집니다.

  (OR) You rest for a short time in your office.

  (OR) You take a short break in your office.

Q3 Which tea do I like to drink?

어떤 차를 저는 마시는 것을 좋아하나요?

- You like to have black tea.

  당신은 홍차를 마시기를 좋아합니다.

  (OR) You like to drink black tea.

2 Language-focused task: Translate the Korean into English

1 저는 보통 매일 아침에 식사를 해요.

= I usually have breakfast every morning.

2 건강에는 아침을 먹는 게 정말 중요하잖아요.

= To be healthy, it's very important (for us) to eat breakfast.

It's very important (for us) to eat breakfast.

→ It = 가주어 = dummy subject (no referent) → to 'verb' OR to infinitive

= 문장의 주어

movement of subject clauses OR extraposition

문장의 주어(subject)로 기능하는 'to verb OR to infinitive(to 부정사)'를 문장 뒤로 이동하고 (→ extraposition) 결과적으로 문장 앞의 비게 되는 주어 자리를 가주어(= dummy it)로 대체한다.

→ **It is 'adjective' 'to verb OR to infinitive'** = ~(verb)하는 것은 ~(adjective)하다

for us = for + someone → to verb OR to infinitive 앞에 'for + someone'이 올 수 있음

us → we의 목적격으로 people, 즉 '일반적인 사람들'을 의미

verb-ing OR gerunds used as subjects

주어(subject) 기능을 하는 'to verb OR to infinitive' 대신에 'verb-ing OR gerund(동명사)'가 주어 역할을 만족시킬 수도 있다. 이 때 'verb-ing OR gerund'는 문장 앞에 위치한다.

To be healthy, it's very important (for us) **to eat** breakfast.

= To be healthy, **eating** breakfast is very important (for us). → 'verb-ing OR gerund'

3 그런데 가끔은 아침을 많이 먹을 때가 있고 또 빨리 먹어요.

= But sometimes, I have a big breakfast, and I eat it very quickly.

→ it = a big breakfast → anaphoric 'it'

4 하지만 좋은 습관은 아니죠.

= 하지만 (아침을 많이 먹고 빨리 먹는 것이) 좋지는 않죠.

= But that's not good. → that = having a big breakfast very quickly

5 한번은 급하게 먹어서 배탈이 났던 적도 있어요.

= Once, I did that and got a stomachache!

→ I did that = I ate a big breakfast very quickly.

6 그리고 점식은 거르지 않아요.

= I also don't skip lunch.

7 점심은 주로 동료들과 밖에서 먹어요.

= I usually eat out with my coworkers.

→ 'co-' = (prefix) together / ~와 함께

8 그 후에는 잠시 휴식을 취하고 조금 쉬어요.

= After that, I take a short break and rest a little while.

→ After that = After eating out with my coworkers

9 인터넷을 검색해서 뉴스기사를 읽어요.

= I search the Internet and read the news.

→ 인터넷 = the Internet; 항상 정관사(the definite article) the 사용

10 또 이 시간에는 꿀을 넣은 홍차를 즐겨 마셔요.

= During this time, I also enjoy having black tea with honey.

→ enjoy + verb-ing = ~ 하는 것을 즐기다

words and grammatical structures: words have their own grammar

단어는 특정 문법적인 패턴을 취하므로 어휘 학습이란 단어가 취하는 문법적인 패턴도 함께 익히는 것을 의미한다.

예 enjoy + verb-ing

11 저녁은 집에서 요리해서 먹어요.

= Later for dinner, I cook and eat at home.

12 밤에 많이 먹으면 건강에 안 좋으므로 저녁은 가볍게 먹으려고 해요.

= I try to have a small dinner because it's not good to have a big meal at night.

→ try + to 'verb' = ~ 하려고 노력하다

I try to have a small dinner because **it**'s not good **to have** a big meal at night.

→ It is 'adjective' 'to verb OR to infinitive'

= I try to have a small dinner because **having** a big meal at night is not good.

→ 'verb-ing OR gerunds' used as subjects

1 Verb study: have

1 Have = own / possess: 물건을 소유하다 / (가지고) 있다

저 노트북 (가지고) 있어요. = I have a laptop.

회사 / 집에 팩스 기계 있어요? = Do you have a fax machine at work / at home?

지금 돈 가진 것 좀 있어요? = Do you have some money with you / on you?

(OR) Are you carrying some money with you right now?

2 Have = friends / family: 친구 / 가족 등이 있다

저는 제주도에 친구가 한 명 (살고) 있어요. = I have a friend in Jeju Island.

저는 아내가 있고 두 딸들이 있어요. = I have a wife and two daughters (OR girls).

> **more examples**
>
> 저는 10대 아들이 한 명 있어요. = I have one teenage son (OR boy).

3 Have = sick (with a disease): 질병이 있다

가까이 오지 마(세요). 감기 걸렸어(요). = Don't come close to me, please. I have a cold.

배가 아프고 소화도 안 돼요. = I have a stomachache. I also have indigestion.

→ 'in-' = (prefix) opposite meaning of 'digestion / 소화'

두통이 있고 열도 나요. = I have a headache. I have a fever, too.

4 Have = attend / hold: 회의, 행사 등에 참석하다 / 회의 행사 등을 주최하다, 열다

(회의 중에 전화를 받은 상황)

지금 회의 중이어서 끝나면 (다시) 전화 드릴게요.

= I'm having a meeting right now. I'll call you back when it's over.

→ it = a meeting / over = (adverb) ended

present progressive tense

be (am / is / are) + verb-ing = 현재 발화 시점에 일어나고 있는, 진행중인 일, 상황 묘사

→ I'm having a meeting right now. = I am having a meeting right now.

= 지금 회의 중이에요.

word choice: back vs. again OR call you back vs. call you again

한국어를 영어로 표현할 시 항상 맥락을 고려하는 것이 중요하다. 위 상황은 화자가 전화를 건 상황이 아닌 화자가 회의 중 전화를 받은 상황으로 return someone's call의 의미인 call you back이 적절한 단어 사용이다. 즉 위 한국어 문장의 '다시'는 맥락상 again의 의미가 아닌 return의 의미이므로 I'll call you again은 정확하지 않은 표현이다. 위 상황에서 I'll call you back 대신 사용할 수 있는 표현으로는 I'll call you later (나중에 전화 드릴게요)도 가능하다.

우리 회사는 직원들을 위해 매년 피크닉을 가요 (= 주최해요).

= My company has an annual / a yearly picnic for the employees.

(OR) My company holds / hosts / throws / goes on an annual / a yearly picnic for the employees.

5 **Have = eat food / drink beverage or alcohol:** 음식을 먹다 / 음료수, 술을 마시다

(To a waiter or waitress in a restaurant: 식당에서 상대방이 먼저 주문한 후, 종업원에게)

저도 같은 것 먹을게요. = I'll have the same. = Same for me. (NOT) I'll eat the same.

저는 차보다는 커피 마시는 것 좋아해요. = I like to have coffee over tea.

= I prefer coffee to tea (OR over tea).

맥주 마실래, 소주 마실래? = Do you want to have a beer or a soju?

→ a beer / a soju = a cup / glass / can / bottle of beer or soju

(전화상의 대화: 상대방이 뭘 먹고 있는지 물을 때)

A 너 뭐 먹고 있어? = What are you having? = What are you eating?

B 샌드위치 먹고 있어요. = I'm having a sandwich.

콜라 마시고 있어요. = I'm having a Coke.

→ a Coke = a can / bottle / glass of Coca-Cola

6 **Have = feature:** 특색 / 특징이 있다

한국 쌀은 끈적끈적한 질감이 나요. = Korean rice has a sticky texture.

그 과자는 견과 맛이 나요. = The snack has a nutty taste.

7 **Have = take classes:** 수업을 듣다

A 이번 학기 수업 몇 개 듣니 (= 있니)? = How many classes do you have this semester?

B 5개 들어. = I have five classes.

2 Idioms and proverbs

1 Have one's head in the clouds (OR) One's head is in the clouds

= **(informal)** 공상하다, 환상을 가지다, 뜬구름 잡는 생각이다, 현실적이지 않다

= be out of touch with the outside world, that is, be unrealistic or naïve

예 그는 사업 경험이 없는데, 언젠가는 훌륭한 사업가가 될 거라고 생각해. 텔레비전 보면 쉬워 보이거든. 환상을 갖고 있어, 비현실적인 생각을 하고 있어.

= He doesn't have any business experience, but he thinks he will be a great businessman someday, because it looks easy on TV. He has his head in the clouds. (OR) His head is in the clouds.

→ it = being a great businessman

2 Have eyes for someone

= 누구를 바라보다, 누구에게 관심이 있다 = be romantically interested in somebody

예 많은 여자들이 그에게 추파를 던지지만 그는 제니에게만 관심이 있어.

= A lot of girls flirt with him, but he only has eyes for Jenny.

→ flirt with someone = ~ 에게 집적거리다, 작업을 걸다

(OR) he's only interested in Jenny

(OR) he only has feelings for Jenny

3 Have a (good) nose for something

= 무엇을 알아보는, 찾아내는 능력, 소질이 있다

= be good at finding or recognizing something

예 그는 트렌드를 잘 읽어, 유행에 밝아.

= He has a (good) nose for trends.

4 Have a big mouth

= 말하지 않아야 할 것들을 말하다, 입이 가볍다, 싸다 = tell others' secrets

예 그녀에게 말할 때 조심해. 다 떠벌리고 다녀, 입이 가벼워.

= Be careful about what you say to her. She has a big mouth.

5 Have a sweet tooth

= 단것을 좋아하다 = like a sweet flavor

예 단 것을 좋아하시면 설탕을 더 넣으셔도 돼요.

= You can add more sugar if you have a sweet tooth.

3 Phrasal verbs[1] : have ... on

1 Have ... on

= 옷을 입고 있다 (= wear)

예 (Between friends)

A 오늘 밤 파티 때 뭐 입을 거야?

= What are you going to wear at the party tonight?

phrasal modal used to express 'future time'

be (am, is, are) + going to 'verb' = 미래의 의향 또는 계획을 나타내는 조동사

→ What are you going to wear at the party tonight?

= 오늘 밤 파티 때 뭐 입을 거야?

B 검은색 드레스(원피스)에 빨간 하이힐(굽 높은) 구두 신을 거야.

= I'm going to wear a black dress and red high heel shoes.

= I'm going to have a black dress and red high heel shoes on.

2 Have ... on

= 화장을 한 상태이거나 향수를 뿌린 상태이다 (= wear)

예 (Between friends)

A 어머, 사진 속 네 모습 봐봐. 아이섀도를 진하게 했네.

= Oh, look at you in this photo. You had dark eye shadow on.

= You were wearing dark eye shadow.

---

1 '구동사(phrasal verb)'란 동사에 다른 단어가 붙어 새로운 의미를 나타내는 동사를 의미하며, 결과적으로 2개 이상의 단어로 구성되기 때문에 '구(phrase)'로 표현한다.

past progressive tense

be (was / were) + verb-ing = 과거 특정 시점에 진행 중인 상황 묘사

→ Oh, look at you in this photo. You were wearing dark eye shadow.

= 어머, 사진 속 네 모습 봐봐. 아이섀도를 진하게 했네.

B 기억 안나? 그 당시에는 그게 유행이었잖아.

= Don't you remember?

(OR) Doesn't' that ring a bell?

That was in fashion / in style / hot / huge / trendy back then.

(OR) in those days

A 맞아. 지금은 유행이 지났지.

= That's right. It's out of style / out of fashion / not hot / not huge / not trendy / so yesterday now.

4 Variety: soda vs. pop vs. soda pop

(language) variety란 언어의 다양성을 의미하는 포괄적인 용어로, 예를 들어 미국이라는 동일 국가에서도 지역에 따라 단어 사용이 달라진다. 일례로 '탄산 음료'는 West Virginia, Arizona, Virginia, New York, Delaware, New Hampshire, Illinois, Texas에서는 soda로, Idaho에서는 soda pop 또는 pop으로, Michigan에서는 pop으로 표현된다.

(식당에서 주문 시)

탄산 음료 한 잔 주시겠어요? = Can I have a soda (OR a pop OR a soda pop)?

→ a can / bottle / glass of soda, pop, soda pop

5 Breaking words into parts: prefixes (un- / dis-)

[un- / dis-] + base word = opposite meaning

un- + happy (adjective 행복한) = unhappy (adjective 불행한)

dis- + like (verb 좋아하다) = dislike (verb 싫어하다)

dis- + advantage (noun 이점) = disadvantage (noun 단점)

예 Can you unlock the door? = (잠긴) 문을 (열쇠로) 열어 주실 수 있나요?

→ lock = (verb) 잠그다 (vs) unlock = (verb) 열다

You buttoned your shirt wrong. Unbutton the shirt. = 셔츠 단추 잘못 끼웠어. 다시 풀어.

→ button = (verb) 단추를 잠그다 (vs) unbutton = (verb) 단추를 풀다

more examples

There are many unemployed college graduates in Korea. We need to create more jobs.

= 한국에는 취업하지 못한 대학 졸업생들이 많다. 더 많은 일자리 창출이 필요하다.

(Between friends)

I'm going to get some air. Don't disappear! = 바람 좀 쐬고 올 건데 사라지지 마!

→ appear = (verb) 나타나다 (vs) disappear = (verb) 사라지다

(OR) I'm going to go outside for a bit. Don't go away!

= 바람 좀 쐬고 올 건데 어디 가지 마.

more examples

The report disclosed that the accident was due to human error.

= 그 보고서는 그 사고가 인재에 의한 것이라고 밝혔다.

6 Confusing aspects of English
: I cut my hair yesterday vs. I had my hair cut yesterday

비슷한 단어들이 문장에 사용되어 전체적으로 유사한 의미로 보일 수 있지만 사용된 문형에 따라 문장의 의미가 다를 수 있다. 예를 들어,

I cut my hair yesterday. = 어제 나는 나의 머리를 잘랐다.

(vs) I **had** my hair cut yesterday. = **Someone else** cut my hair yesterday.

= 어제 다른 사람이 나의 머리를 잘랐다.

'have' something 'done' (done → 'do'의 과거분사 (과거분사 = past participle))

= cause something to be done for you by someone else

= 다른 사람이 당신을 위해 무엇을 하다 = pay somebody to do something for you

= 돈을 지불하여 다른 사람이 당신을 위해 무엇을 하다

+ **'get' something 'done'**도 가능

→ I had my hair cut yesterday. = I got my hair cut yesterday.

예 나 어제 샵에서 머리 잘랐어. = I **had** my hair cut yesterday at a hair salon.

(NOT) I cut my hair yesterday at a hair salon.

1 Fluency development with dialogs

1 상황) 약사와의 대화 – 감기약을 사러 약국에 들름

A Good morning.

안녕하세요.

B Hi.

안녕하세요.

A What can I do for you today?

무엇을 도와드릴까요?

B 감기에 걸렸어요.

____

= I have a cold.

A I'm sorry to hear that. Are you coughing and sneezing?

힘드시겠네요. 기침도 하고 재채기도 하나요?

→ sorry (adjective) + to 'verb': sorry와 같은 형용사는 뒤에 to verb를 취할 수 있다

B Yeah.

네.

present progressive tense

be (am / is / are) + verb-ing = 현재의 일정 기간 동안 진행 중인 일, 상황 묘사

→ Are you coughing and sneezing? = 기침도 하고 재채기도 하시나요?

→ basic verb form: cough, sneeze

+ 주어가 여러 행위를 하고 있을 때 보통 주어와 be 동사는 반복하지 않음

→ Are you coughing and are you sneezing? = Are you coughing and sneezing?

2 상황) 치과 의사와의 대화 – 검진을 받으러 치과에 들름

A Let's see. Hmm, you have lots of tooth decay.

자, 봅시다. 충치가 많군요.

B I knew it!

그럴 줄 알았어요! → I knew it! = That's what I thought! = I thought so!

B 단 걸 좋아하거든요.

____

= I have a sweet tooth.

A You'd better eat less sugar.

앞으로 단것은 적게 드시는 것이 좋아요.

B I'll try.

네, 노력할게요.

phrasal modal used to 'give advice'

had better (OR 'd better) + 'verb' (bare infinitive form[2])

= ~ 하는 것이 바람직하다 (강한 권고)

→ You'd better eat less sugar. = 앞으로 단것은 적게 드시는 것이 좋아요.

3 상황) 친구와의 대화 – 줄에서 기다리는 중 앞 여성에 대해 귓속말을 함

A Don't you smell something strong?

→ (NOT) strong (수식어) + something (피수식어)

뭔가 강한 냄새 나지 않아?

B Yeah, what is it?

응, 무슨 냄새지?

2 bare infinitive form이란, 동사의 기본 형태(basic verb form) 또는 to infinitive(to 부정사)의 형태에서 to가 없는 동사의 형태를 의미한다.

A It smells like perfume.

향수 냄새 같아.

→ like = (preposition) ~ 와 비슷한

B 와, 굉장히 강한 향수를 뿌렸나 봐.

____

= Wow, she must have strong perfume on.

the pronouns, 'something,' 'anything,' 'nothing'

something, anything, nothing + 'adjective'

= something, anything, nothing과 같이 –thing으로 끝나는 단어는 형용사(adjective)가 뒤에 위치하여 이 단어들을 수식한다.

→ Don't you smell something strong? = 뭔가 강한 냄새 나지 않아?

modal used to express 'inferred probability'

must + 'verb' (bare infinitive form) = ~임에 틀림없다, ~일 것이다

(특정 상황을 근거로 하는 '강한' 논리적인 추정)

→ Wow, she must have strong perfume on. = 와, 굉장히 강한 향수를 뿌렸나 봐.

4 상황) 친구와의 대화 – 차가 고장 나서 정비소에 맡긴 상황

A Where's your car?

차 어디에 있어?

B 정비소에서 수리 중이야.

____

= I'm having it repaired in a shop.

→ it = your car / (present progressive) 현재의 일정 기간 동안 진행 중인 일, 상황

2 Fluency development in sentences

1 (친구에게) 맥주 한잔 해. (= 맥주 한잔 하지 그래?)

= Have a beer. = Drink a beer → a beer = a can / bottle / glass of beer

2 (선생님이 학생에게) 너 또 공상에 빠져 있구나!

= You have your head in the clouds again!

= Your head's in the clouds again!

3 (머리를 직접 염색하는 상황) 너는 염색을 얼마나 자주 하니?

= How often do you color your hair?

4 (To a hairdresser: 헤어 디자이너에게) 머리를 좀 다듬고 싶어요.

= I'd like to have my hair trimmed. = I'd like to have a trim.

→ basic verb form: trim → trim = (noun)

(OR) I'd just like a trim. = I just want a trim.

more examples

(헤어 디자이너에게) 파마 하고 싶어요.

= I'd like to have my hair permed. / I'd like to have a perm. / I'd like a perm. / I want a perm.

5 (제니: 어린 아이) 제니는 같은 또래의 친구가 없고, 언니, 오빠들이랑 놀아.

= Jenny doesn't have a friend her own age. She plays with older girls or boys.

→ play = 어른이 아닌 '어린 아이'에게 사용되는 동사

CHAPTER 2

The Verb

Take

Collocations: 'take medicine'

'연어'(collocation)는 일반적으로 '흔히 함께 사용되는 단어들의 그룹'을 의미하는 것으로, '특정 단어를 안다는 것'의 의미는 그 단어와 함께 사용되는 다른 단어들도 안다는 것을 포함한다. 따라서 연어를 알면 좀 더 원어민스러운 즉 자연스러운 영어를 구사할 수 있다. 예를 들어 한국어에서는 '음식을 먹다, 약을 먹다'로 '음식, 약'에 '먹다'를 공통적으로 사용할 수 있다. 하지만 영어에서는 '약을 먹다'라는 표현은 부자연스러운 표현으로 eat medicine이 아닌 take medicine이 자연스러운 표현이다. 따라서 take 또는 medicine을 개별적으로 학습하는 것이 아닌 take medicine을 하나의 표현 즉 collocation으로 학습하는 것이 효과적이고 효율적인 어휘 학습 방법이다.

1 Meaning-focused task: Listen to OR read the story

This morning, I woke up at 6. But I didn't get up until around 30 minutes later. My legs felt very tired from last night's bike workout. As usual though, after I got up, I took a walk around my apartment complex. After a half an hour, I got back home and took a shower. Then, I had a big breakfast. The night before, I didn't eat anything after 6 pm, so I was starving. At about 8 am, I left home and took a taxi to get to work. I usually take the subway, but it was very cold this morning. Before I arrived at my workplace, I dropped by a coffee shop and grabbed a cup of coffee. Today, I had lots of work to do. So I needed caffeine to focus.

Q1 This morning, how long did I walk?

저는 오늘 아침에 얼마나 오랫동안 걸었나요?

- You took a 30-minute walk.

  당신은 30분 동안 걸었어요.

  (OR) You walked for 30 minutes.

Q2 Why did I take a taxi today?

저는 오늘 왜 택시를 탔나요?

- You took a cab because it was very cold today.

  당신은 오늘 날씨가 매우 추워서 택시를 탔어요.

  (OR) You took a taxi because the weather was very cold today.

  (OR) You took a taxi because today was very cold.

2 Language-focused task: Translate the Korean into English

1 오늘 아침 저는 6시에 깨였어요.

= This morning, I woke up at 6.

2 하지만 30분 정도 지나서야 일어났어요.

= But I didn't get up until around 30 minutes later.

→ around + 시간 = 대략, 약

3 어젯밤에 자전거 운동을 했더니 다리에 피로가 느껴졌거든요.

= My legs felt very tired from last night's bike work out.

→ from ~ = (preposition) ~의 이유로, ~이 원인이 되어

4 하지만 평소와 같이 일어난 후에는 아파트 단지 주변을 산책했어요.

= As usual though, after I got up, I took a walk around my apartment complex.

→ around + 장소 = ~둘레에, 주위에

5 30분이 흐른 후에 집으로 돌아와서 샤워를 했어요.

= After (a) half an hour, I got back home and took a shower.

6 그러고 나서는 아침을 푸짐하게 먹었어요.

= Then, I had / ate a big breakfast.

7 전날 저녁 6시가 넘도록 아무것도 먹지 않아 배가 엄청 고팠거든요.

= The night before, I didn't eat anything after 6 pm, so I was starving.

→ the night before = last night → starving = (adj.; informal) very hungry

8 8시쯤 되었을 때 출근하기 위해 집을 나와 택시를 탔어요.

= At about 8 am, I left home and took a taxi / a cab to get to work.

→ about + 시간 = 대략, 약 = around → get to work = 출근하다 ('목적'의 to verb)

variety: American vs. British English

taxi는 British English에서, cab은 American English에서 사용되는 경향이 있다.

9 저는 보통 지하철을 타는데 오늘 아침은 굉장히 추웠거든요.

= I usually take the subway, but it was very cold this morning.

→ it = '날씨' 표현 시 주어로 사용 가능

using 'it' OR 'non-referential it' to talk about the weather

it은 앞의 명사(noun) 또는 명사구(noun phrase)를 다시 지칭할 때 사용하는 대명사(pronoun) it이 있고, 앞의 명사(구)를 지칭하지 않고 문장의 문법적인 주어 자리만 채워주는 non-referential 'it'이 있다. 예를 들어, '날씨'를 나타낼 때 영어에서는 non-referential 'it'을 사용하여 문장의 주어 자리를 채울 수 있다.

10 직장에 도착하기 전에 커피숍에 들러서 커피를 샀어요.

= Before I arrived at / got to my workplace, I dropped by / stopped by a coffee shop and grabbed / bought a cup of coffee.

→ drop by / stop by ~ = ~에 잠깐 들르다

nuance: formal vs. informal

arrive at (vs) get to → get to와 비교 시 arrive at은 더 격식적인(more formal) 뉘앙스의 표현이다.

nuance: the verb, 'grab'

동사 grab은 상황에 따라 여러 의미가 가능하지만 그 중 한 의미는 '시간이 없어서, 바빠서 서둘러 ~ 하다'의 의미로, 위 상황에서 의미는 buy(사다)이지만 정확히는 '서둘러서 커피를 산다'는 뉘앙스를 가진다.

11 오늘은 해야 하는 일이 많아서 집중하려면 카페인이 필요했거든요.

= Today, I had lots of work to do, so I needed caffeine to focus.

→ 맥락상 '목적'의 to verb

word order differences between Korean and English

(한국어 어순) 해야 하는 (수식어) + 일 (피수식어)

(영어 어순) 일 (피수식어) + 해야 하는 (수식어)

= work + to do → 수식어는 'to verb'의 형태

1 Verb study: take

1 Take = take something (with you): 무엇을 가져가다

(In a classroom, office, etc.) 이 의자 가져가도 될까요? = Can I take this chair?

modal used to 'request permission' or 'grant permission'

can + 'verb' (bare infinitive form) = (의문문) ~해도 될까요? (평서문) ~해도 된다

→ Can I take this chair? = 이 의자 가져가도 될까요?

(In an early morning) 우산 가져가. 오늘 비올 지도 몰라.

= Take an umbrella (with you). It might rain today. → it = non-referential 'it' (날씨)

modal used to express 'possibility'

might + 'verb' (bare infinitive form) = ~일 가능성이 있다

→ Take an umbrella (with you). It might rain today. = 우산 가져가. 오늘 비올 지도 몰라.

2 Take = take someone 'to' some place: 누구를 어디로 데려가다

어제, 나는 여자친구를 고급 / 꽤 괜찮은 레스토랑에 데려갔다.

= Yesterday, I took my girlfriend to a fancy (OR luxury) / decent restaurant.

A 한양사이버대학이 어디에 있는지 아세요?

= Do you know where Hanyang Cyber University is?

B 제가 (그 곳으로) 데려가 드릴 수 있어요. 저도 거기로 가는 중이거든요.

= I can take you there. I'm on my way there, too.

→ (NOT) take you to there → there는 '부사'로 전치사 to를 취하지 않는다

3 Take = occupy something: 공간 등을 차지하다

(빈 자리를 보며 미리 맡아져 있는 자리인지 물을 때)

저기요, 여기 자리 있어요? (= 여기 자리 비어 있어요?)

= Excuse me. Is this seat available / free / empty?

= Excuse me. Is this seat taken / saved / occupied?[1]

4 Take = be in a relationship: 누군가를 이미 사귀고 있다

나 사귀는 사람 있어.

= I'm taken. = I have a boyfriend / girlfriend. = I'm seeing / dating someone.

→ (present progressive) 현재 일정 기간 동안 진행 중인 일, 상황

+ basic verb form: see, date

그 남자분, 여자친구 있어요?

= Is he taken? = Does he have a girlfriend? = Is he seeing / dating someone?

5 Take = use transportation: 버스, 지하철, 기차, 택시 등의 교통수단을 타다, 이용하다

A 출근은 어떻게 하세요?

= How do you get to work?

B 버스 / 지하철 / 기차 / 택시 타고 출근해요.

= I take the bus / the subway / the train / a taxi.

B 자차로 출근해요.

= I take my car. = I drive (my car).

B 자전거 / 오토바이로 출근해요.

= I take my bicycle / my motorcycle.

= I ride my bicycle / my motorcycle.

---

1 위 문장과 다르게 이 문장은 상대방이 Yes가 아닌, No라고 답해야지 앉을 수 있다.

6 Take = time ('it' + take + (someone) + time + '(to verb)'): ~의 시간이 걸리다

A 출근하는데 시간이 얼마나 걸려요?

= How long does it take to get to work?

B 1시간 걸려요.

= It takes an hour (to get to work).

= It takes me an hour to get to work.

more examples

A 점심 먹는데 얼마나 시간이 걸려요?

= How long does it take to eat lunch?

B 대략 20분 걸려요.

= It takes about 20 minutes (to eat my lunch).

= It takes me about 20 minutes (to eat lunch).

A 왜 이렇게 늦게 왔어?

= What took you so long? (= Why did you get here so late?)

B 미안. 오는 길에 누가 길을 물어봐서 (가르쳐 준다고).

= Sorry. Somebody asked for directions on my way here.

7 Take = classes / lessons / exams / quizzes: 수업을 듣다 / 시험, 퀴즈 등을 치다

A 이번 학기에 시험 / 퀴즈가 많아요?

= Do you have a lot of exams / quizzes this semester?

B 네, 7과목이나 듣고 있거든요!

= Yeah. I'm taking seven classes!

→ (present progressive) 현재의 일정 기간 동안 진행 중인 일, 상황

나 통기타 레슨 받고 싶어.

= I want to take acoustic guitar lessons.

8 Take = medicine: 약을 복용하다

A 감기 걸렸어요.

= I have a cold. = I caught a cold[2].

B 약 먹었어요? (= 복용했어요?)

= Did you take medicine? → (NOT) Did you eat medicine?

저는 매일 비타민제를 먹어요 (= 복용해요.)

= I take a vitamin every day.

→ (NOT) I eat a vitamin every day.

collocations

'연어(collocation)'의 정의는 학자에 따라 다르지만, 일반적으로 '흔히 함께 사용되는 단어들의 그룹(a group of words that belong together because they commonly occur together)'을 의미하는 것으로, 특정 단어를 안다는 것의 의미는 그 단어와 함께 사용되는 다른 단어들도 안다는 것을 포함한다. 따라서 연어를 알면 좀 더 원어민스러운 즉 자연스러운 영어를 구사할 수 있다. 예를 들어 한국어에서는 '음식을 먹다, 약을 먹다'로 '음식, 약'에 '먹다'를 공통적으로 사용할 수 있다. 하지만 영어에서는 '약을 먹다'라는 표현은 부자연스러운 표현으로 eat medicine이 아닌 take medicine이 자연스러운 표현이다. 따라서 take 또는 medicine을 개별적으로 학습하는 것이 아닌 take medicine을 하나의 표현, 즉 collocation으로 학습하는 것이 효과적이고 효율적인 어휘 학습 방법이다.

2 caught는 catch의 과거형이지만 위 문장에서의 의미는 현재 걸린 상태도 의미한다.

9 Take = a picture / a shower / a bath / a nap / a break

: 사진을 찍다 / 샤워를 하다 / 목욕을 하다 / 낮잠을 자다 / 휴식을 취하다

(길 가는 행인에게 사진 촬영을 부탁할 때)

저기요, 사진 좀 찍어 주시겠어요?

= Excuse me, can you take a picture of me?

→ take a picture of someone = 누구의 사진을 찍다

= Could you please take a picture of me? = Would you mind taking a picture of me?

→ Would you mind + verb-ing?

modals used to express 'a polite request'

could / would + 'verb' (bare infinitive form) = (의문문) ~ 해 주시겠어요?

→ Could you please take a picture of me? = Would you mind taking a picture of me?

= 사진 좀 찍어 주시겠어요?

(졸업식에서 한 친구에게)

우리랑 사진 찍을래?

= Will you take a picture with us?

→ take a picture with someone = 누구와 사진을 찍다

와, 이 멋진 사진 좀 봐. 누가 찍었니?

= Wow! Look at this stunning picture! Who took it?

→ it = this stunning picture

저는 여름에 하루에 두 번 찬물로 샤워를 해요.

= In the summer, I take a cold shower twice a day.

→ 하루에 한번 = once a day

저는 일주일에 한 번 뜨거운 / 따뜻한 목욕하는 걸 좋아해요.

= I like to take a hot bath / a warm bath once a week.

식사 후에 바로 낮잠을 자지 않는 것이 좋아요.

= You shouldn't take a nap right after a meal.

→ right after ~ = ~의 바로 뒤에

modal used to 'give advice'

should + 'verb' (bare infinitive form) = (긍정문) ~하는 것이 바람직하다

should **not (OR shouldn't)** + 'verb' = (부정문) ~하지 않는 것이 바람직하다

→ You shouldn't take a nap right after a meal. = 식사 후에 바로 낮잠을 자지 않는 것이 좋아요.

잠깐 쉬자. 커피 한 잔 할래?

= Let's take a break. Do you want a cup of coffee?

→ Let's + 'verb' (bare infinitive form) = ~하자

10 **Take = accept:** 제안, 카드 등을 받아들이다, 수락하다

A 그 직장, 일자리에 대해 받아들일지 생각해 봤어요?

= Did you think about the job offer?

B 네, 일하기로 결심했어요.

= Yeah, I decided to take it. → it = the job offer

→ decide + to 'verb' = ~(verb)하기로 결정하다

(When you pay: 돈을 지불할 때)

신용카드 받으시나요?

= Do you take credit cards?

11 Take = hold / contain: 사람, 사물을 수용하다, 태우다

(차에 탈 공간이 있는지 물어볼 때)

A 차에 탈 공간 있어요?

= Do you have room in your car?

→ room = space

B 한, 두 명은 더 탈 수 있어요.

= I / It (= the car) can take 1 or 2 people.

2 Idioms and proverbs

1 It takes two to tango (informal; usually something bad)

= 손바닥도 마주쳐야 소리가 난다, 양쪽에 책임이 있다

= both people are responsible, not just one person

예 A 엄마, Jill이 항상 나한테 싸움을 걸어요!

= Mom, Jill's always arguing with / fighting with / bickering with me!

B 글쎄, 손바닥도 마주쳐야 소리가 나지.

= Well, it takes two to tango.

2 Take a back seat

= 부차적인 것이 되다, 중요하지 않게 되다 = something else is more important

예 A 학업은 어떻게 되고 있어?

= How're your studies going? → studies = 학업, plural form

B 뒷전으로 밀리고 있어. 회사에서 맡은 큰 프로젝트가 있어서 말이야.

= They're taking a back seat. I have a big project to do at work.

→ they = my studies

word order differences between Korean and English

(한국어 어순) 해야 하는 / 맡은 (수식어) + 큰 프로젝트 (피수식어)

(영어 어순) 큰 프로젝트 (피수식어) + 해야 하는 / 맡은 (수식어)

= a big project + to do → 수식어는 'to verb'의 형태

3 Take it or leave it (informal)

= 받아들이던지 말든지, 다른 대안은 없다

= accept something or not accept; there's no other alternative

예 (고객과 가격 흥정 중)

Clerk 이 가격이 제 마지막 제안이에요. 50달러요. 사시든지 마시든지, 싫음 말고요.

= This is my final offer: 50 dollars. You can take it or leave it.

Customer 네, 살게요. = OK. I'll take (= buy) it.

4 Take somebody / something for granted

= 사람 / 사물을 당연시하다, 고마운 줄을 모르다

= do not value somebody / something

예 아내가 항상 곁에 있다고 해서 당연하게 여기지 마세요. (= 고마운 줄 아세요)

Don't take your wife for granted just because she's always there for you.

→ just = simply

→ be there for someone = be available to provide support or comfort for someone

5 It takes (some) getting used to

= 익숙해지려면 시간이 걸린다 = unpleasant at first, but becomes better with time

예 만약 김치를 처음 접하시는 거라면 익숙해지는 데 시간이 좀 걸릴 수 있어요.

= If Kimchi is new to you, it might take (some) getting used to.

→ get used to something = become familiar with something

3 Phrasal verbs: take ... off (OR) take off ...

1 Take ... off (OR) Take off ... = (옷 / 신발 등을) 벗다, 벗기다

예 (자녀에 대해 대화 중인 부부)

오늘 너무 더운데. Jenny도 (틀림없이) 덥겠다. 여보, Jenny 재킷 벗겨 줄래요?

= It's so hot today. Jenny must be hot, too. Honey, will you take her jacket off?

= will you take off her jacket?

modal, 'must' used to express 'inferred probability'

(Ch. 1) Wow, she must have strong perfume on. = 와, 굉장히 강한 향수를 뿌렸나 봐.

(한국인이 외국인 친구에게)

들어올 때 신발 좀 벗어 줘.

= Please take off your shoes before you come in.

= Please take your shoes off before you come in.

2 Take ... off (OR) Take off ... = (하루 등을) 쉬다

예 (Child to parent late at night: 밤 늦게 퇴근한 자녀가 부모에게)

A 오늘 일, 직장 업무 때문에 (예: 직장 업무가 많아서, 힘들어서) 너무 피곤해. (= 지쳤어)

= I'm very tired / exhausted / worn-out from work today.

→ from work = '원인, 이유'

B 평소에 하던 운동, 내일 하루 쉬지 그러니?

(직역: 평소에 하던 운동으로부터 내일 하루를 쉬지 그러니?)

= Why don't you take a day off tomorrow from your workout routine?

= Why don't you take off a day tomorrow from your workout routine?

= Why don't you take a break tomorrow from your workout routine?

the construction, 'why don't you + verb'?

Why don't you + 'verb' (basic verb form)?

= ~해 보지 그러니? (상대방에게 무엇을 제안 시 사용)

→ Why don't you take a day off tomorrow from your workout routine?

= 평소에 하던 운동, 내일 하루 쉬지 그러니?

4 Variety: take vs. have

동일 국가에서도 같은 의미를 표현하면서 사용하는 단어가 달라질 수 있듯이 영어를 모국어로 사용하는 국가들도 단어 사용이 서로 다를 수 있다. 예를 들어,

Common for American English

(Looking out the window: 창 밖의 날씨를 보며)

A The weather looks nice out there.

= 밖에 날씨가 좋아 보이네. → out there = outside

B Yeah, let's **take** a walk.

= 그렇네. 산책하러 가자.

→ take a walk / a break / a look / a shower / a bath / a seat

: 미국식 영어는 take를 쓰는 경향이 강하다.

Common for British English

A The weather looks nice out there.

= 밖에 날씨가 좋아 보이네.

B Yes, let's **have** a walk.

= 그렇네. 산책하러 가자.

→ have a walk / a break / a look / a shower / a bath / a seat

: 영국식 영어는 have를 쓰는 경향이 강하다.

5 Breaking words into parts: prefixes (mis- / non-)

[mis- / non-] + base word = opposite meaning

mis- + understand (verb 이해하다) = misunderstand (verb 잘못 이해하다, 오해하다)

mis- + behave (verb 예의 바르게 행동하다) = misbehave (verb 버릇없이 행동하다)

non- + smoking (adjective 흡연의) = nonsmoking (adjective 금연의)

예 어떤 아이들은 부모가 곁에 있을 때만 예의 바르게 행동한다.

= Some children behave / do not misbehave only when their parents are around.

→ be around = have close physical proximity to somebody

The other day at work, I misinterpreted an order in English that was faxed.

→ that was faxed = 관계대명사절

= 며칠 전 회사에서 나는 팩스로 온 영문 주문을 잘못 해석한 일이 있었다.

Would you like the smoking or the nonsmoking section?

= 흡연석으로 드릴까요, 금연석으로 드릴까요?

→ would you like + 'noun phrase(명사구)'?

Non-native speakers can also be good English teachers.

= 원어민이 아닌 사람들 (= 비원어민)도 좋은 영어 선생님이 될 수 있습니다.

6 Confusing aspects of English: take it off vs. take off it

구동사(phrasal verb)의 목적어(object)가 일반적인 명사구(noun phrase)일 경우 구동사 사이, 구동사 뒤에 모두 사용 가능하지만 목적어가 대명사 it일 경우 구동사 사이에만 위치 가능하고 구동사 뒤에는 사용이 불가하다.

Phrasal Verbs with the Pronoun 'it' as Objects

예 (부부의 대화: 아이가 더위를 타는 상황)

그래서 아이의 재킷을 벗겼어.

= So I took her jacket off. (OK) → So I took it off. (OK)

= So I took off her jacket. (OK) → So I took off it. (NOT OK)

1 Fluency development with dialogs

1 상황) 이웃과의 대화 – 어떻게 출근하는지에 대해

A How do you get to work?

출근은 어떻게 하시나요?

B 지하철 타고 해요.

= I take the subway.

A 얼마나 걸려요?

= How long does it take?

B It takes (me) about 30 minutes (OR (a) half an hour).

30분 정도 걸려요.

2 상황) 친구와의 대화 – 주말을 어떻게 보낼지에 대해

A I'm going to spend time with my family over the weekend. What about you?

이번 주말에 가족들과 시간을 보낼 계획인데 넌 어때?

→ over the weekend = 이번 주말에

B 글쎄, 요즘 학업 때문에 (= 학업이 더 중요해서) 가족들에게 신경을 못 쓰고 있어.

= Well, these days, my family is taking a back seat to school.

A Really? Why?

정말? 왜?

B 이번 주말에 중간고사 시험을 2개나 쳐야 되거든.

= I have to take two midterm exams this weekend.

A Oh, that's too bad. Good luck!

안 됐다. 잘 쳐!

3 상황) 친구와의 대화 – 항상 피곤해 보이는 친구에게 한 가지 제안을 하는 상황

A These days, you always seem tired.

요즘 너 항상 피곤해 보이는 것 같아.

→ seem + 'adjective' = ~(adjective)인 것 같다

B Actually, I am really exhausted. I just have too much work – school and business.

사실 완전 지쳤어. 그냥 일이 너무 많아. 학교 공부, 일이며.

A 이번 학기는 휴학해 보지 그래?

= Why don't you take this semester off?

B 그럴지도 몰라. 근데 좀 더 생각해 보고 싶어.

= I might do that, but I want to think about it more.

2 Fluency development in sentences

1 저는 요즘 감기약을 먹고 있어요.

= I'm taking cold medicine these days.

→ (present progressive) 현재 일정 기간 동안 진행 중인 일, 상황

2 좀 더 두터운 재킷 하나 가져가.

= Take a thicker jacket with you. = Take a warmer jacket with you.

3 (회사에서 사장님께) 내일 오후 반차 써도 될까요? (= 반차 쓸 수 있을까요?)

= Could I take tomorrow afternoon off?

modal used to express 'possibility + polite requests for permission'

could + 'verb' (bare infinitive form) = ~ 할 수 있을까요?

→ Could I take tomorrow afternoon off? = 내일 오후 반차 쓸 수 있을까요?

4 그 사람은 내 도움 / 호의를 당연하게 생각해요. 고마워하지 않아요.

= He / she takes my help / favors for granted. He / she doesn't appreciate me.

5 내 여동생은 피자, 파스타, 그런 거 좋아하는데 난 있으면 먹고 없으면 말고 상관 없어.

= She loves pizza, pasta, and things like that. But as for me, I can take them or leave them.

→ as for someone = 의미상 앞 문장에서 언급된 상대방과 대조가 될 때 사용

CHAPTER 3

The Verbs

Go and Come

Register: going to vs. gonna

(language) register란 상황 또는 상대방에 따라
격식의 정도가 달라지는 것을 의미하며 격식적인(formal) 스타일
또는 비격식적인(informal or casual) 스타일로 구분될 수 있다.
예를 들어, '미래 상황의 계획'을 표현할 때 be going to로 사용 가능한데
이를 be gonna로 발음하게 되면 비격식적인 뉘앙스의 언어 사용이 된다.

1 Meaning-focused task: Listen to OR read the dialog

(Two friends talking on the phone)

Man	I heard you had lots of fun last Sunday!
Woman	Yeah, I did. Guess what! I went to Insadong.
Man	For real? I've been wanting to go there.
Woman	There were lots of small stores next to each other.
Man	Did you go into any of them?
Woman	Yeah! And I got some interesting stuff.
Man	Oh yeah? I'd like to take a look at what you got some time. Actually, can I go to your place right now? Are you free?
Woman	Um... OK! Lucky you! I was about to take off. Can you do me a favor, by the way?
Man	Sure. What is it?
Woman	Can you stop by Frank Burger and get me the Bacon Cheese Burger Set? I'm starving!
Man	Will do. I'll get one for myself, too. And this is my treat.
Woman	Oh, thanks!
Man	No problem.

Q1 Where did the woman go today?

여자는 오늘 어디에 갔나요?

➲ She went to Insadong.

인사동에 갔어요.

Q2 Did the woman buy something interesting in Insadong?

여자는 인사동에서 흥미로운 무언가를 샀나요?

➲ Yes, she got some interesting stuff.

네 흥미로운 물건들을 샀어요.

Q3 Where is the man going to stop by on his way to the woman's place?

남자는 여자의 집으로 가는 길에 어디에 들릴 예정인가요?

He's going to stop by Frank Burger.

'프랭크 버거' 가게에 들를 예정입니다.

2 Language-focused task: Translate the Korean into English

(Two friends talking on the phone: 전화로 이야기를 나누는 두 친구)

1 Man: 지난 일요일에 굉장히 재미있게 놀았다며!

____

= I heard you had lots of fun last Sunday! → I heard + 'subject + verb'

2 Woman: 응 그랬지. (어디 갔는지) 맞혀봐! 인사동에 갔다!

____

= Yeah, I did. Guess what! I went to Insadong.

→ Yeah, I did. = Yeah, I had lots of fun. → 반복을 피하기 위한 do

Guess what! = 신나는, 놀라운, 흥미로운 일 등에 대해 이야기를 꺼내기 전에 상대방의 주목을 끌기 위해 사용하는 표현

3 Man: 진짜? 나도 거기 가고 싶었는데.

____

= For real? (= Really?) I've been wanting to go there.

→ want + to 'verb' = ~(verb)하기를 원하다

present perfect progressive tense

have / has + been + verb-ing = 과거에 시작하여 현재에도 계속 진행 중인 일, 상황 묘사

→ I've (OR I have) been wanting to go there. = 나도 거기 가고 싶었는데.

4 Woman: 작은 가게들이 엄청 많고 가게들이 옆에 서로 붙어 있더라.

= There were lots of small stores next to each other.

→ next to ~ = (preposition) ~ 옆에

the phrase, 'there + be'

there be (is, are) + noun phrase (명사구) = (현재 시제) ~이 있다, 존재한다

there be (was, were) + noun phrase (명사구) = (과거 시제) ~이 있었다, 존재했다

→ There were lots of small stores. = 작은 가게들이 엄청 많았어.

문장의 의미가 과거이고 there be를 따르는 명사구인 lots of small stores가 복수형태이기 때문에 there were를 사용한다.

5 Man: 어디 한 군데라도 들어가 봤어?

= Did you go into any of them?

→ them = lots of small stores

→ into ~ = (prep.) ~ 안에 → 입체적인 공간이 그 대상일 때 사용

6 Woman: 응! 흥미로운 물건들도 샀는 걸.

= Yeah! And I got / bought some interesting stuff.

the noun, 'stuff'

명사 stuff는 비격식적인(informal) 뉘앙스로 특정한 물건의 이름을 구체적으로 표현하지 않을 때 사용하는 단어이다. 보통 셀 수 없는 명사(uncountable nouns)나 셀 수 있는 복수형태의 명사(plural countable nouns)를 지칭할 때 사용한다. 위 문맥에서는 셀 수 있는 복수형태의 명사로 해석하여 things로도 표현이 가능하다.

→ And I got some interesting stuff (OR things). = 흥미로운 물건들도 샀어.

7 Man: 그래? 언제 한번 봤으면 좋겠다.

= Oh yeah? I'd like to take a look at what you got / bought some time.

→ take a look at something = ~을 보다 + what you got = 네가 산 것

8 Man: 실은 지금 당장 너희 집에 가도 돼? 시간 돼?

= Actually, can I go to your place right now? Are you free?

→ place = (noun; informal) a person's home

9 Woman: 으음... 그래! 운 좋은 줄 알아. 나 막 나가려고 했거든.

= Um... OK! Lucky you! (= You're lucky). I was about to take off.

→ be about + to 'verb' = 막 ~(verb)하려는 참이다

+ take off = (phrasal verb; informal) leave a place suddenly

10 Woman: 근데 부탁 하나 들어 줄래?

= Can you do me a favor, by the way?

→ do somebody a favor = ~의 부탁을 들어주다 / by the way = 화제 전환 시 사용

11 Man: 그래. 뭔데?

= Sure. What is it?

12 Woman: '프랭크 버거' 가게에 들러서 베이컨 치즈 버거 세트 하나 사다 줄 수 있어?

= Can you stop by Frank Burger and get / buy me the Bacon Cheese Burger Set?

the phrasal verb, 'stop by'

(Ch. 2) Before I got to my workplace, I stopped by a coffee shop and grabbed a cup of coffee.

= 직장에 도착하기 전에 커피숍에 들러서 커피 한 잔을 샀어요.

words and grammatical structures: the verbs, 'get' and 'buy'

get / buy + someone + something = ~(someone)에게 ~(something)을 사주다

13 Woman: 나 엄청 배고프거든.

= I'm starving!

14 Man: 그래. 내 것도 사야겠다. 그리고 이건 내가 쏠게.

= Will do. I'll get / buy one for myself, too. And this is my treat.

→ treat = (noun) 상대방을 위해 대접하는 것 → This is / It is my treat. = I'll pay.

the phrase, 'will do'

Will do. (informal) = I will do that. = Okay. : 상대방의 요청, 부탁을 들어준다는 동의 표시

→ A Can you stop by Frank Burger and get me the Bacon Cheese Burger Set?

= '프랭크 버거' 가게에 들러서 베이컨 치즈 버거 세트 하나 사다 줄 수 있어?

B Will do. I'll get one for myself, too. And this is my treat.

= 그래. 내 것도 사야겠다. 그리고 이건 내가 쏠게.

15 Woman: 고마워!

____

= Oh, thanks!

16 Man: 그래 (별거 아냐).

____

= No problem.

1-1 Verb study: go

1 Go = move from place A to place B: A라는 장소에서 B라는 장소로 이동할 때

저 내일 중국 가요.

= I'm going to China tomorrow.

present progressive tense with 'future time expressions'

be (am / is / are) + verb-ing + future time expression

= 현재 진행 시제가 미래 표현과 함께 사용되어 주로 미래 일정과 관련된 모든 준비 사항이 마무리 되었음을 함축

→ I'm going to China tomorrow. = 저 내일 중국 가요.

매일 나는 출근하기 전에 헬스장에 간다.

= Every day, I go to the gym before work.

(At a coffee shop)

포장해 주세요. = To go, please.

커피 테이크 아웃으로 한 잔 주세요. = A coffee to go, please.

2 Go = leave a place to do an activity: 어떤 활동을 하기 위해 장소를 떠날 때

나 승진했어! 술 한잔 하러 가자!

= I got a promotion! Let's go for a drink!

→ get a promotion = 승진하다 / go for something = ~ 하러 가다

점심 식사 후에 쇼핑 갈래?

= Why don't we go shopping after lunch?

→ go + verb-ing = ~ 하러 가다

the constructions, 'why don't we + verb?' vs. 'why don't you + verb?'

Why don't we + 'verb' (basic verb form)? = 화자를 포함하여 상대방에게 제안할 때

→ Why don't we go shopping after lunch? = 점심 식사 후에 우리 쇼핑 갈래?

(vs) **Why don't you + 'verb' (basic verb form)?** = 화자를 포함하지 않고 상대방에게 제안할 때

→ (Ch. 2) Why don't you take this semester off? = 너, 이번 학기는 휴학해 보지 그래?

3 Go = change of state, 'become' used with 'adjectives'

: 상태의 변화; 어떤 상태로 되다, 변하다 + '형용사'와 사용

(Two siblings talking: 두 형제, 자매간의 대화)

A Dad's going bald.

= 아빠가 대머리가 되어 가셔. → go + 'adjective'

B What a shame. (= It's unfortunate.)

= 애석하지만, 어쩔 수 없지.

Granddad's bald, you know.

= 할아버지도 대머리시잖아.

→ shame = (noun) an unfortunate thing = 애석한, 딱한, 안타까운 일

What a shame. = What a pity. = That's too bad.

A Yeah, it runs in the family.

= 그렇지, 유전이지, 집안 내력이지.

→ something runs in the family = ~ 이 그 집안의 공통적인 특징이다, 집안 내력이다

Look at me. I'm going gray / grey. = My hair is going gray / grey. → go + 'adjective'

= 나 좀 봐. 흰 머리가 나네 (= 흰 머리가 나기 시작하네).

→ 흰 머리가 나서 검은 머리와 섞이면 회색처럼 보이기 때문에 gray / grey hair로 표현

Oh no! The soup went bad. I forgot to put it in the refrigerator. Shame on me!

= 이런! 국이 상했어. 냉장고에 넣어 둔다는 걸 깜박했네. 이런 실수를 하다니 바보!

→ go + 'adjective'

→ forget + to 'verb' = ~(verb)할 것을 잊어버리다

Shame on me = 나의 잘못을 자책할 때 사용

(proverb) Fool me once, shame on you; fool me twice, shame on me.

= 한 번 속으면 그건 상대방의 잘못이지만 두 번 속으면 내 잘못이다.

4 Go = transportation: (교통수단) 어디로 가다

Does this bus go downtown?

= 이 버스는 시내로 가나요?

(NOT) go to downtown → downtown은 '부사'로 전치사 to를 취하지 않음

Which subway goes to Hanyang Cyber University?

= 어느 지하철이 한양사이버대로 가나요?

→ Hanyang Cyber University는 고유명사로 '명사'는 방향을 나타내는 전치사를 취함

5 Go = where something is supposed to be; the usual place to be

: 원래 있던 위치에 두다, 원래 위치가 어디이다

(Friends talking)

A Where do these dishes go? = 이 접시들은 어디에 두면 돼?

B They go into that upper cabinet. Thanks. = 거기 위 상부장에 넣어 두면 돼. 고마워.

→ they = these dishes / into ~ = (preposition) (입체적인 공간) 안에, 안으로

(OR) You can put them in that upper cabinet. = 거기 위 상부장에 넣어 두면 돼.

1-2 Verb study: come

1 Come = move towards the speaker / listener: 화자 / 청자 쪽으로 이동할 때

(To a dog)

Hey, come here. = 이리 와.

→ '화자 쪽으로 이동'

Mom　Breakfast is ready! = 아침 식사 준비 다 됐어.

→ '화자가 있는 곳으로 오라'는 의미

Child　갈게요! = I'm coming!

→ '청자 쪽으로 이동'

(NOT) I'm going!

(누군가가 문에 노크를 하고 있는 상황)

A　Knock, Knock. = 똑똑

→ '화자가 있는 곳으로 오라'는 의미

B　가요! = Coming! = I'm coming!

→ '청자 쪽으로 이동'

(NOT) Going. / I'm going.

(Two friends to meet at a place soon: 곧 어떤 장소에서 만나기로 한 두 친구)

A　지금 오는 중이야?

= Are you on your way?

→ '화자가 있는 곳으로 오라'는 의미

B　응, 가고 있어. 10분 안에 (또는 10분이 흐르면) 도착할 거야.

= Yes, I'm coming.　　I'll be there in 10 minutes.

→ '청자 쪽으로 이동'　　→ be there = 도착하다

(NOT) I'm going.　　→ in (prep.) + 시간 = 시간의 '경과'

예 10분 안에, 10분이 흐른 시점에

the phrase, "on one's way"

(Ch. 2) I can take you there. I'm on my way there, too.

= 제가 그곳으로 데려다 드릴게요. 저도 거기 가는 중이에요.

2 Come = 'come for' something OR 'come to do' something

: 무엇을 하러 오다, 방문하다

(인터넷 AS 기사의 방문)

I came to check your Internet connection.

= 인터넷 연결 점검 나왔습니다.

= I'**m here** to check your Internet connection.

→ I'm here + to 'verb' = ~(verb)하러 오다, 방문하다

3 Come = take a certain position: 어떤 위치를 차지하다

I came first in the 100-meter sprint!

= 100미터 달리기 단거리 경기에서 일등 했어!

→ sprint = (noun) a short and very fast race, such as the 100 meters

more examples

I came second on the midterm exam.

= 중간고사 시험에서 2등 했어.

4 Come = come in a certain state: 물건, 상품 등이 어떤 상태로 나오다, 출시되다

These pants come in three colors: black, navy, and brown.

= 이 바지는 3개 색상으로 나와요: 검정, 남색, 갈색

→ 3개 항목을 나열할 때 = A, B, and C → and는 마지막 항목 앞에 사용

These cars don't come cheap. (= These cars are expensive.) They are of very good quality.

= 이 차들은 비싸요. 품질이 굉장히 좋거든요.

→ be of ... quality = ~의 품질이다

be of good / poor quality = 품질이 좋다 / 좋지 않다

5 Come = happen, used with 'how'

: 어떤 일이 일어나다, 어떤 일이 일어나게 된 이유를 물을 때 how와 함께 사용

(내려야 할 기차역을 놓치고 다음 역을 향해 가고 있는 상황에서의 문자 대화)

A I missed my stop.

= 나 못 내렸어 (= 내가 내려야 할 정거장을 지나쳤어).

B Oh no, how come?

= 이런 어쩌다가?

A I fell asleep.

= 잠이 들었어.

How come she's always late?

= 걔는 어째서 항상 늦어?

→ How come + 'subject + verb'?

How did you come to break your arm?

= 어쩌다가 팔이 부러졌니?

→ How did you + come + to 'verb'?

2 Idioms and proverbs

1 **Go a long way** = 크게 성공하다 = be very successful

예 I believe John will go a long way. He works very hard and does his best in everything. → do one's best = ~의 최선을 다하다

= John은 크게 성공할 거예요. 매우 열심히 일하고 모든 일에 최선을 다하니깐요.

2 **Go back a long way**

= 오랫동안 서로를 알고 지내다 = have known each other for many years

예 A Congratulations on your marriage! How long have you known each other?

= 결혼 축하해요. 알고 지낸 지 얼마나 된 커플인가요?

→ Congratulations on something = ~을 축하해요

B Well, we go back a long way. We first met in elementary school.

= 글쎄요 오래 됐어요. 초등학교 때 처음 만났어요.

present perfect tense

have / has + 'past participle' (과거분사) = 과거에서 시작하여 현재에도 지속적인 상황 묘사

→ How long have you known each other? = 알고 지낸 지 얼마나 되셨나요?

(basic verb form: know)

3 **One's mind goes blank**

= 머리가 하얘지다, 아무 생각이 나지 않다 = not be able to think of anything

→ blank = (adjective) 멍한, 기억이 나지 않는

예 When I saw the question on the exam, my mind went blank.

= 그 시험 문제를 봤을 때 머리가 하얘졌어, 아무 생각이 안 났어.

4 **Come again? (informal)**

= 뭐라고? 다시 말해 줄래? = Can you say that again? = Say again?

예 (Friends watching a movie: 영화를 시청 중인 친구들)

A Where is this guy from? = 이 배우, 어느 영화에 나왔더라?

B Come again? = 뭐라고?

A What movie was he in before? = 이 배우 전에 어느 영화에 나왔었냐고?

5 **Come to mind**

= 문득 무엇이, 누군가가 생각나다, 기억나다, 떠오르다

= suddenly or immediately think of something or someone

예 When you look at this picture, what comes to mind?

= 이 사진을 보면 뭐가 떠오르세요?

3 Phrasal verbs: go on / come on!

1 **Go on** = (무슨 일이) 일어나다, 벌어지다

예 (Husband to wife in an apartment building: 아파트에서 남편이 아내에게)

A Do you hear the noise above us, too?

= 당신도 위층 소리 (= 소음) 들려? → above ~ = (preposition) ~ 위에

B Yeah. What's going on there? Are they having a fight or something?

= 응. 무슨 일이지? 싸움이라도 (= 싸움 또는 그와 유사한 다른 무엇을) 하나?

→ or something = or something like that / 또는 그와 같은 것

→ 화자가 방금 언급한 것과 유사한 다른 어떤 것을 지칭할 때 사용

2 **Go on verb-ing** = (무슨 일이) 계속해서 일어나다, (어떤 상황이) 계속되다

예 (Friend to friend)

A I can't go on working like this. = 이런 식으로는 일 더 못해. → like ~ = (prep.) ~ 처럼

B What's wrong? = 무슨 일인데?

one word with different meanings and different parts of speech: the word, 'like'

단어는 그 형태(word form)는 동일할 수 있으나 문맥에 따라 단어의 의미(meanings)와 품사(parts of speech)는 다르게 사용될 수 있다. 예를 들어,

(Ch. 1) I like to have coffee over tea. = 저는 차보다 커피 마시는 것 좋아해요. → like = (v.) 좋아하다

(Ch. 1) It smells like perfume. = 향수 냄새 같아. → like = (prep.) ~와 비슷한

3 **Come on!** = 서둘러! (상대방을 독려하는 상황)

예 (Husband to wife at home, preparing to attend a party: 파티에 가려고 준비중인 아내에게)

A Come on, honey! We gotta go now.

= 서둘러, 여보! 지금 가야 해.

B Just wait another minute. Let me check how I look one last time!

= 조금만 더 기다려. 마지막으로 한 번만 더 보고!

→ Let me + 'verb' (bare infinitive form) = 내가 ~하게 하다, 허용하다

phrasal modals used to express 'necessity' or 'obligation'

have to / have got to / got to / gotta + 'verb' (basic verb form)

= ~할 필요가 있다 OR ~해야 한다

→ gotta는 got to의 축약된 형태로 위 대화에서처럼 구어체에서 사용된다.

4 **Come on!** = 에이, 멀쩡한데! (상대방이 과장하고 있음을 함축)

예 (Friend to friend at a bar: 술집에서)

A I feel like I'm getting drunk. I should stop.

= 취기가 도는 것 같아. 그만 마셔야 되겠어.

→ feel like + 'subject + verb' = ~처럼 느껴지다

B Oh, come on! Have another drink. You look fine!

= 에이, 멀쩡한데! 한 잔 더 해. 괜찮아 보이는데!

modal used to 'give advice'

(Ch. 2) You shouldn't take a nap right after a meal.

= 식사 후에 바로 낮잠을 자지 않는 것이 좋아요. → 상대방에게 하는 조언

(vs) I should stop. = 그만 마시는 게 좋겠어. → 나 자신에게 하는 조언

4 Register: going to vs. gonna

(language) register란 상황 또는 상대방에 따라 격식의 정도가 달라지는 것을 의미하며 격식적인(formal) 스타일 또는 비격식적인(informal or casual) 스타일로 구분될 수 있다. 예를 들어, '미래 상황의 계획'을 표현할 때 be going to로 사용 가능한데 이를 be gonna로 발음하게 되면 비격식적인 뉘앙스의 언어 사용이 된다.

Less Informal vs. More Informal: Going to vs. Gonna

나 개 키울 거야. / 입양할 거야.

= I'm going to get a dog. → **be going to** → less casual

= I'm gonna get a dog. → **be gonna** → more casual; more common in spoken English

5 Breaking words into parts: prefixes (im- / il-)

[im- / il-] + base word = opposite meaning

im- + possible (adjective 가능한) = impossible (adjective 불가능한)

il- + legal (adjective 법적인) = illegal (adjective 불법의)

예 It's impolite to cut off someone when they're speaking.

= 누군가가 말을 할 때 말을 끊는 것은 무례한 행동이다.

→ polite = (adjective) 예의 바른

Stop being immature! = 철없게(미성숙하게) 굴지 마! → mature = (adj.) (나이에 비해) 어른스러운

more examples

The impatient driver behind me started honking.

= 내 뒤에 있던 성질이 성급한 운전자는 경적을 울리기 시작했다.

→ patient = (adjective) 참을성 있는

6 Confusing aspects of English: how's it going vs. how's it coming?

How's it going?

1 **To mean 'how are you?, how are you doing?'** / 간략한 안부 인사를 할 때

(Between coworkers)

A How's it going, John? → (NOT) How's it coming, John?

= 어떻게 지내?

B Pretty (= fairly) good. How about you?

= 그럭저럭(꽤) 잘 지내. 너는?

2 **To ask about a particular subject** / 특정 주제에 대해 질문할 때

(Between coworkers)

A How's your project going, John?

= 프로젝트는 어떻게 되어가고 있어?

B It's going well. Thanks for asking!

= 잘 되고 있어. 물어봐 줘서 고마워!

How's it coming?

1 **To ask about a particular subject** / 특정 주제에 대해 질문할 때

(Between coworkers)

A How's your project coming?

= 프로젝트는 어떻게 되어가고 있어?

= How's your project coming along?

B It's coming along well. Thanks for asking!

= 잘 되고 있어. 물어봐 줘서 고마워!

→ (NOT) It's coming well.

1 Fluency development with dialogs

1 상황) 낯선 사람과의 대화 – 시내로 가는 버스가 몇 번인지에 대해

A 실례합니다. 버스 100번은 시내로 가나요?

= Excuse me. Does Bus No. 100 go downtown?

→ 100 = one hundred로 발음 가능

B No, it goes to the airport.

아니요, 그 버스는 공항으로 가요.

A Oh, OK. Then, which bus can[1] I take to go downtown?

아 그렇군요. 그럼 시내로 가려면 어느 버스를 타면 되나요?

→ to verb = '목적'

B 105번을 타세요.

= Take 105. → 105 = one-oh-five로 발음 가능

2 상황) 친구 간의 대화 – 아이디어가 있는지에 대해

A Do you have a better idea?

더 좋은 생각 있어?

B 딱히 떠오르는 게 없네.

= Nothing really comes to mind.

1 조동사 can을 사용하면 시내로 가는 여러 가능한 버스 중에서 어느 한 개 버스를 골라 달라는 뉘앙스, 조동사 should를 사용하면 여러 가능한 버스 중에서 추천할 만한 버스는 몇 번인지, 예를 들어, 도착지에 가장 빨리 갈 수 있는 버스는 몇 번인지를 뜻하는 것으로 전달될 수 있다.

3 상황) 교수님과의 대화 – 시험이 어땠는지에 대해

A How do you feel about the exam? Did you do well?

시험은 어땠어요? 잘 봤어요?

B No. I didn't do well.

아니요. 잘 못 봤어요.

A What happened? I know you studied hard!

왜요? 공부 열심히 했잖아요.

B 네, 열심히 했는데 첫 문제를 보는 순간 머릿속이 그냥 하얘졌어요!

= Yes, but when I saw the first question on the exam, my mind just went blank!

2 Fluency development in sentences

1 나는 이번 일요일에 가벼운 등산을 하러 갈 것이다.

= I'm going to go hiking this Sunday.

→ go + verb-ing = ~ 하러 가다 (basic verb form: hike)

word choice: hiking vs. climbing

(mountain) hiking은 걸어서 하는 가벼운 등산(walking in the mountains)을 할 때, mountain climbing은 암벽 등반처럼 로프와 장비 등을 이용해서 산을 타는 힘겨운 등반을 할 때 사용하는 단어로 개념 차이가 있다.

2 (수의사가) 개가 시력을 잃어가고 있어요.

= Your dog is going blind. → go + 'adjective'

3 미칠 것 같아. 윗집 사람이 아침 저녁으로 쿵쿵거리며 걸어!

= I'm going crazy. My upstairs neighbor stomps around all morning and night!

→ stomp around = (informal) walk, dance, or move with heavy steps

all morning = 오전 내내 / all night = 밤새도록

4 이 제품은 두 가지 디자인으로 나옵니다.

= This product comes in two designs.

5 (옷 수선 집에서 손님이) 바지 찾으러 왔어요.

= I came for my pants. = I'm here for my pants.

CHAPTER 4

The Verb

Make

Words and grammatical structures: 'adjectives' with 'prepositions'

collocation(연어)은 lexical collocation(어휘적 연어)과 grammatical collocation(문법적 연어)으로 분류될 수 있다. take medicine과 같은 '동사'와 '명사'로 이루어진 '어휘적 연어'를 학습하는 것이 원어민스럽고 자연스러운 영어의 구사에 도움이 되는 것처럼 '문법적 연어'를 학습하는 것도 자연스러운 영어 구사에 있어 매우 중요하다. '문법적 연어'의 한 예는 '형용사'와 '전치사'로 이루어져 있는데, 품사가 형용사인 단어를 학습할 때 해당 형용사 뒤에 어떤 특정 전치사가 함께 사용되는지를 함께 학습하는 것이 품사가 형용사인 단어를 효과적으로 학습하는 것이며 결과적으로 문법적이면서도 자연스러운 문장 구사가 가능해진다.

1 Meaning-focused task: Listen to OR read the story

Today I'll talk about my precious mother. She is in her seventies now, so she is not as energetic as before. But she is still very giving and supportive of me. When I went to school, she made me very good lunches. So at lunch time, my friends used to gather around and were envious of what I had in my lunch box. My mother is also very good with her hands. She used to make pretty clothes for my dolls. She is also a very wise woman. When she had to make a decision about something, she thought it through for one whole day. Then she took action and went on with her life. I think this has made her less stressed in her life.

Q1 Is my mother more energetic now?

저희 어머니는 요즘 더 활동적이신가요?

➡ No. She is less energetic than before.

아니오. 전보다 덜 활동적이십니다.

Q2 What did my mother make for my dolls?

어머니는 제 인형을 위해 무엇을 만들어주셨나요?

➡ She made pretty clothes.

예쁜 옷을 만들어 주셨어요.

Q3 What did my mother do before making a decision[1]?

저희 어머니는 결정을 내리시기 전에 무엇을 하셨나요?

➡ She thought hard for one whole day.

하루 종일 골똘히 생각해 보셨어요.

---

1 What did my mother do before making a decision?
= What did my mother do before she made a decision?

2 Language-focused task: Translate the Korean into English

1 오늘 저는 저의 소중한 엄마에 대해서 이야기할 거예요.

= Today I'll talk about my precious mother.

→ will = '의향'을 표현하는 조동사

2 엄마는 현재 70대이세요.

= She is in her seventies now.

→ 예 40대 = in her forties

3 그래서 예전만큼 활동적이지는 않으세요.

= so she is not as energetic as before.

= so she's less energetic than before.

the construction, 'as + adjective + as'

as + 'adjective' + **as** ~ = (긍정문) ~만큼 ~(adjective)한

not + **as** + 'adjective' + **as** ~ = (부정문) ~만큼 ~(adjective)하지 않은

less + 'adjective' + **than** ~ = ~ 보다 덜 ~(adjective)한

4 그래도 여전히 끊임없이 (뭐든지) 주시려 하시고 제게 힘이 되어주세요.

= But she is still very giving and supportive of me.

→ supportive (adjective) + of (preposition) → supportive of에 동시에 주목

words and grammatical structures: 'adjectives' with 'prepositions'

collocation(연어)은 lexical collocation(어휘적 연어)과 grammatical collocation(문법적 연어)으로 분류될 수 있다. 예를 들어, CHAPTER 2 에서 학습한 take medicine은 '동사'와 '명사'로 구성된 lexical collocation으로 분류되고 supportive of와 같이 '형용사'와 '전치사'로 구성된 단어들의 그룹은 (전치사는 보통 문법적인 요소로 간주되기 때문에) grammatical collocation으로 분류될 수 있다. take medicine과 같은 lexical collocation을 학습하는 것이 원어민스럽고 자연스러운 영어 구사에 도움이 되는 것처럼 supportive of와 같은 grammatical collocation을 학습하는 것도 매우 중요하다. 즉 grammatical collocation의 한 유형인 '형용사'와 '전치사'로 이루어진 단어들의 그룹을 예로 든다면, 품사가 형용사인 단어를 학습할 때는 형용사 뒤에 어떤 특정 전치사가 함께 사용되는지도 함께 학습하는 것이 해당 형용사를 바르게 아는 것이라고 할 수 있으며 결과적으로 문장에서 해당 형용사와 전치사가 바르게 사용됨으로써 문법적이면서도 자연스러운 문장을 구사하게 된다.

5 제가 학생이었을 때 엄마는 아주 맛있는 점심 도시락을 싸 주셨어요.

= When I went to school, she made [me] [very good lunches].

words and grammatical structures: verbs with 'direct and indirect objects'

She made [me] [very good lunches].

make + someone + something

= 누구에게 + 무엇을 → word order에 주목 + 전치사 for 취하지 않음

= indirect object (간접 목적어) + direct object (직접 목적어)

= She made [very good lunches] [**for** me].

make + something + **for** someone

= 무엇을 + 누구를 위해 → word order에 주목 + 전치사 for 사용

= direct object (직접 목적어) + indirect object (간접 목적어)

6 그래서 점심 시간이 되면 친구들이 모여서 제 도시락에 부러워하곤 했어요.

= So at lunch time, my friends used to gather around and were envious of / about what I had in my lunch box.

phrasal modal used to express 'habitual actions in the past'

used to + 'verb' (basic verb form) = 과거에 ~을 하곤 했었다 (과거의 습관적인 행동)

+ gather around = (phrasal v.) come together around a person, thing etc.

→ So at lunch time, my friends used to gather around.

= 그래서 점심 시간이 되면 친구들이 모이곤 했었어요.

→ be envious of / about [something] = ~에 대해서 부러워하다

+ what I had = 내가 가진 것 → what = '것'으로 해석

7 엄마는 또한 손재주가 좋으세요.

= My mother is also very good with her hands.

→ be good with one's hands = ~의 손재주가 좋다

8 인형들 옷을 예쁘게 만들어 주시곤 하셨어요.

= She used to make [pretty clothes] [**for** my dolls].

→ make + something + **for** something → word order에 주목 + 전치사 for 사용

= 예쁜 옷을 (direct object) + 인형을 위해 (indirect object)

= She used to make [my dolls] [pretty clothes].

→ make + something + something → word order에 주목 + 전치사 for 없음

= 인형에게 (indirect object) + 예쁜 옷을 (direct object)

9 엄마는 또 매우 현명한 여성이세요.

____

= She is also a very wise woman.

10 결정을 해야 하는 일이 생기면 엄마는 하루 종일 골똘히 생각해 보셨어요.

____

= When she had to make a decision about something, she thought it through for one whole day.

= .... she thought hard for one whole day.[2]

→ think something through

= ~을 충분히 생각하다 (OR think hard = 골똘히 생각하다)

= carefully consider the possible results of doing something

11 그러고 나서 행동을 취하셨고 그 다음 날은 원래의 생활을 하셨어요.

____

= Then she took action and went on / moved on with her life.

→ go on / move on with one's life = continue living one's life in the usual way

12 저는 이러한 점이 엄마가 살면서 스트레스를 덜 받는 방법이었을 거라 생각해요.

____

= I think this has made her less stressed in her life.

→ (present perfect) has made = 과거부터 현재까지 지속되는 상황 묘사

→ make + someone + 'adjective' = ~를 ~(adjective)하게 하다

= make + her + stressed = 그녀를 + 스트레스 받게 하다

make + her + less stressed = 그녀를 + 덜 스트레스 받게 하다

2 one whole day (vs) a whole day → 전자가 후자보다 '하루 종일'의 느낌이 더 강조되는 뉘앙스이다.

1 Verb study: make

1 Make = create or produce: 무엇을 만들다

I sometimes make my own clothes. = 저는 가끔 제 옷을 직접 만듭니다.

Go ahead and take a shower. I'll make coffee. = 가서 샤워해. 난 커피를 만들게.

2 Make = a mess / a mistake / a scene

: 지저분하고 엉망 진창인 상태 / 실수 / 남들 앞에서 큰 소리로 싸우는 남부끄러운 모습

My husband always makes a mess when he cooks.

= 제 남편은 요리할 때 난장판을 만듭니다.

Everyone makes mistakes, and we learn from our mistakes. → (prep.) 'from'

= 모든 사람들은 실수를 합니다. 그리고 우리는 실수하면서 배웁니다.

Please don't make a scene in public. Let's talk about it at home.

= 사람들 앞에서 소란 피우지 마세요. 집에서 얘기합시다.

3 Make = a decision / a choice / a guess / a comment / a suggestion

: 결정 / 선택 / 추측 / 코멘트 / 제안

Contestant Number 1, make a guess about what this word means.

= 1번 참가자, 이 단어의 뜻을 맞혀보세요. → what this word means = 이 단어가 의미하는 것

The professor made some very helpful comments on my paper. → (prep.) 'on'

= 그 교수님은 내 페이퍼 (= 수업 과제물)에 매우 도움이 되는 코멘트를 남겨 주셨다.

→ paper = a piece of writing that is done for a course at a school = 써서 제출하는 과제물

4 **Make = a friend / an enemy:** 친구 / 적

It's harder to make friends as an adult.

= 어른이 돼서 친구를 사귀는 것은 더 어렵다.

the construction, it is 'adjective' + 'to verb OR to infinitive'

(Ch. 1) To be healthy, it's very **important** (for us) to eat breakfast.

= 건강을 위해서는 아침식사를 하는 것이 매우 중요하다.

(Ch. 1) It's not **good** to have a big meal at night.

= 밤에 많이 먹는 것은 건강에 좋지 않다.

Don't make friends with him. He's a bad apple.

= 그와 친구하지 마. 주위 사람들에게 안 좋은 영향을 주는 애야.

→ (proverb) One bad (OR rotten) apple spoils the (whole) bunch.

= 썩은 사과 하나가 한 통의 사과를 망친다. / 나쁜 사람 한 명이 그룹 전체를 망친다. / (한국 속담) 미꾸라지 한 마리가 온 웅덩이를 흐린다.

How do you avoid making enemies at the workplace? → avoid + verb-ing

= 직장에서 적을 만들지 않으려면 어떻게 해야 하나요?

5 **Make = money / progress / a difference / changes:** 돈 / 진전 / 차이 / 변화

Why **is it** so hard to make money? = 돈 버는 건 왜 이렇게 어렵지? → (의문문)

→ (평서문) It's harder to make friends as an adult. = 어른이 돼서 친구를 사귀는 것은 더 어렵다.

How is the project going? Did you make some progress?

= 프로젝트 어떻게 돼가고 있어? 진전이 좀 있어?

6 **Make = cause (make + someone + 'adjective') /**
cause (make + someone + 'verb')

: 누구를 ~(adjective)한 상태로 만들다, 야기하다 / 누구를 ~(verb)하게 만들다, 야기하다

You make me happy. = 넌 날 행복하게 해줘. → make + someone + 'adjective'

My mom is very funny. She always makes me laugh. → make + someone + 'verb'

= 우리 엄마는 너무 웃겨서(재미있어서) 항상 날 웃게 만들어(웃게 해).

7 **Make = force (make + someone + 'verb'):** 누구를 ~(verb)하도록 강요하다, 시키다

My mother never made my brother do the housework.

= 엄마는 오빠/남동생에게 절대로 집안일을 시키지 않았다. → make + someone + 'verb'

8 **Make = develop into something; be suitable for something (make + 'noun'):** 어떤 사람/것이 ~이 되다, ~로 발전하다; 어떤 것이 특정 용도, 목적으로 사용되다

She would make a good teacher. She's so patient. → make + 'noun phrase'

= 그녀는 좋은 선생님이 될 거야. 참을성이 많거든.

This room would make a nice office. → make + 'noun phrase'

= 이 방은 좋은 사무실이 될 거야.

Don't you think the novel would make a great movie? → make + 'noun phrase'

= 그 소설이 좋은 영화가 될 거라고 생각하지 않으세요?

→ would = (modal) used when imagining something is possible in the future

미래에 어떤 일이 가능하다고 상상, 추정을 할 때 사용

2 Idioms and proverbs

1 Make your day

= 누군가의 평범한 하루를 매우 특별하게, 기쁘게 해 주다 = make you happy

예 (Listener talking on the phone with a radio show host: 라디오 진행자와 전화 통화 중)

A I always listen to your show. Your voice is so soothing.

= 저는 항상 당신 방송을 들어요. 당신 목소리를 들으면 마음이 참 차분해(편안해)져요.

→ soothing = (adjective) that makes somebody feel calm or feel comfortable

B Oh, thank you. You just made my day!

= 아 고마워요. 당신 덕분에 기분이 좋아졌어요!

2 Make a face = 얼굴을 찌푸리다, 일그러뜨리다

= move your mouth, nose, and eyes in strange ways to show negative emotion or make people laugh

예 (Parent to child)

Don't make a face at me. Eating vegetables is good for you.

= 얼굴 찌푸리지 마. 야채는 몸에 좋은 거야.

verb-ing OR gerunds used as subjects

야채를 먹는 것은 몸에 좋다. = **Eating** vegetables is good for you.

→ (NOT) **Eat** vegetable is good for you.

I made the baby laugh by making a funny face at him. → make + somebody + 'verb'

= 나는 우스운 표정을 지어서 아기를 웃게 했다.

3 **Make up your mind** = 결정하다 = make a decision

예 Both shirts are cool. I can't make up my mind. = 2개 셔츠 다 좋은데. 고를 수가 없네.
= I can't make a choice.

4 **Practice makes perfect** = 자꾸 연습하다 보면 잘하게 된다
= become very good at something if you keep doing it

예 If you want to speak English well, speak it every day. Practice makes perfect!
= 영어를 잘 구사하고 싶으시면 매일 영어로 말하세요. 연습하다 보면 잘하게 돼요!

5 **Make sense** = 말이 된다, 이해가 된다, 타당하다 = be clear and easy to understand

예 This last paragraph doesn't make sense.
= 이 마지막 단락은 말이 안 되는데요. → 논리적이지 않다, 이해하기 힘들게 서술되어 있다

3 Phrasal verbs: make … up (OR) make up … / make up (with someone)

1 **Make ... up (OR) Make up ...** = 무엇을 대신해서 채우다, 보상하다, 만회하다

예 (Student to professor)

A Professor, I'm very sorry. I missed the exam. Can I make it up? → it = the exam
= Can I make up the exam?
= 교수님 정말 죄송해요. 시험을 보지 못했어요. 만회할 수 있는 방법이 있을까요?

B No. All students must take the same exam at the same time.
= 아니오. 모든 학생은 같은 시험지로 동일한 시간에 시험을 봐야 합니다.

2 **Make up (with someone)** = ~와 화해하다

예 I made up with my wife. I apologized first.

= 아내랑 화해했어. 내가 먼저 사과했어.

4 Nuance: (make a) mistake vs. (make an) error

mistake와 error는 한국어로 '실수, 오류'로 번역되며 공통적으로 무엇을 잘못했을 때(a wrong or incorrect action) 사용되지만 기본적인 개념의 차이가 있다.

1 **Mistake vs. Error**

Mistake = something you already know about but you make a mistake by accident

+ something that is not serious

= 이미 알고 있는 것이지만 실수로 잘못된 행동을 했을 때 + 가벼운 실수

(vs) **Error** = something you didn't know about, so you make an error

+ something that is serious

= 지켜야 할 규정을 어겨서 일어난 행위 + 심각한 결과를 초래하는 행위

예 (예약 시간을 변경하고자 병원에 전화하는 환자)

Sorry, I made **a mistake**. I meant to make my appointment for 2pm, not 1pm.

→ mean + to 'verb' = have the intention to do something = ~을 할 의도이다

= 죄송하지만 실수를 했어요. 1시가 아니라 2시에 예약을 하려고 했었어요.

→ 이미 알고 있지만 실수로 잘못된 행동을 한 경우 + 가벼운 실수 (NOT: made an error)

The investigation revealed that the accident was caused by **human error**.

→ reveal + that + 'subject + verb' = ~임을 밝히다

= 조사 결과 그 사고는 인재로 밝혀졌다.

→ 지켜야 할 규정을 어겨서 일어난 행위 + 심각한 결과 초래 (NOT: human mistake)

2 Mistake vs. Error

Mistake = something a person makes but not a machine

→ 사람에게만 해당; 기계는 알면서 실수를 할 수는 없으므로

(vs) **Error** = something both a person and a machine can make

→ 사람, 기계 모두에 해당

예 These days, my computer makes many **errors**. → (NOT: mistakes)

= 요즘 내 컴퓨터가 많은 에러를 내.[3]

5 Breaking words into parts: prefixes (in- / ir-)

[in- / ir-] + base word = opposite meaning

in- + correct (adjective 정확한) = incorrect (adjective 부정확한)

ir- + regular (adjective 규칙적인) = irregular (adjective 불규칙적인)

예 That's an incorrect answer. Try again.

= 잘못된 정답입니다. 다시 시도해 보세요.

3 상황에 따라서는 위 mistake vs. error의 개념들이 적용되지 않고 사용되는 경우들도 있다.

In business writing, try to be formal. In conversations, you can be informal.

= 비즈니스 작문에서는 격식을 차리도록 하세요. 대화에서는 비격식적이어도 됩니다.

I work irregular hours, so I eat irregular meals as well.

= 저는 일하는 시간이 불규칙해서 식사 시간도 불규칙합니다.

more examples

Some parents are very irresponsible. = 일부 부모들은 매우 무책임합니다.

→ responsible = (adjective) 책임감 있는

6 Confusing aspects of English: 'make it'

1 'Make it' = to ask if someone can participate

상대방에게 행사, 모임 등에 참여할 수 있는지 물어볼 때

→ make it = be able to be present at a particular event

(Between friends)

A I have a party tonight at my place. Can you make it (to the party)?

= Can you come?

= 오늘 밤 우리 집에서 파티 하는데 올 수 있어?

B Sorry, I can't. = Sorry, I can't make it (to the party).

= 미안, 못 갈 것 같아.

2 'Make it' = when the speaker cannot arrive at a place on time

화자가 어떤 장소에 제 시간에 도착할 수 없을 때

Sorry, I can't make it there on time. The traffic is so bad now.

= 미안, 제 시간에 도착 못할 것 같아. 교통 체증(교통량)이 너무 심해 지금.

1 Fluency development with dialogs

1 상황) 배우자와 집안일에 대해 이야기를 나누는 상황

A We both work. So we need to share the housework.

우리는 둘 다 일하니까 집안일을 나눠야겠어요.

B That's fair.

타당해요.

→ that = sharing the housework / fair = (adjective) reasonable (합리적인, 사리에 맞는)

B 식사는, 제가 아침과 커피를 만들게요.

____

= For meals, I'll make breakfast and coffee.

A 그럼 제가 저녁과 차를 만들게요.

____

= Then I'll make dinner and tea.

B Sounds like a plan. = 좋아요.

→ an informal expression of 'agreement to some proposal'

상대방의 제안에 동의 시 사용하는 비격식적인 표현

2 상황) 엄마가 아이를 야단치는 상황

A 인상 풀어!

____

= Stop making that face!

B (여전히 화가 난 아이의 표정)

A It's your fault. You pulled your sister's hair.

그건 네가 잘못한 거야. 언니 머리카락을 잡아당겼잖아.

B 언니한테 사과해. 지금!

____

= Apologize to her. Now!

3 상황) 대신 야근을 해 준 동료에게 감사 표시를 하는 상황

A Thanks for working the night shift for me!

야근 대신 해 줘서 고마워!

B Sure.

그래 (별 거 아냐). → sure = you're welcome 보다 더 비격식적인 답변

A 어떻게 하면 보답이 될까?

= How can I make it up to you?

→ it = for working the night shift for me; for helping me

B Well, you can just do the same for me if I need your help.

글쎄, 내가 네 도움이 필요하면 너도 똑같이 해 주면 되지.

2

Fluency development in sentences

1 보고서에 수정을 좀 했어요.

= I made some changes on the report.

2 오늘 Jenny 집에 못 갈 것 같아.

= I don't think I can make it to Jenny's today.

→ to Jenny's home OR to Jenny's place

3 극장에는 제 시간에 (= 영화가 시작되기 전에) 도착했니?

____

= Did you make it to the theater on time?

4 그와 친구하지 마. 주위 사람들에게 안 좋은 영향을 주는 애야.

____

= Don't make friends with him. He's a bad apple.

5 (차 공간이 부족하지만 이것 저것 치울 경우) 한 사람 더 탈 공간 만들 수 있겠어?

____

= Can you make room for one more person?

the noun, 'room'

(Ch. 2) 차에 탈 공간 있어요?

= Do you have room in your car?

→ room = space

CHAPTER 5

The Verb

Do

Backward –pointing reference & forward-pointing reference

this, that과 같은 지시대명사는 앞에서 이미 언급된 정보를 지칭할 때 사용하거나(backward-pointing reference) 또는 뒤에서 바로 언급될 정보를 지칭할 때 사용 가능하다(forward-pointing reference).
예를 들어, 아래 텍스트의 this는 forward-pointing reference의 경우이다.

Do you exercise on a regular basis?
What do you do to stay healthy?
This is what I do to maintain a healthy lifestyle.
First, every week, I use my commute time to get some exercise.
Typically, I walk to and from work.
On average, it takes one and a half hours or so.
I don't just walk. I walk fast and then walk slow.

1 Meaning-focused task: Listen to OR read the story

Do you exercise on a regular basis? What do you do to stay healthy? This is what I do to maintain a healthy lifestyle. First, every week, I use my commute time to get some exercise. Typically, I walk to and from work. On average, it takes one and a half hours or so. I don't just walk. I walk fast and then walk slow. I do this repeatedly, fast then slow. Experts say by walking this way, we can burn more calories. Then at work, I take the stairs, not the elevator, to move from floor to floor. Finally, on weekends, I go to a sports center and do wall-climbing. Or if the weather is nice, I go to a Han River Park and ride a bike along the river. Working out gives my daily life a boost. On some weekends though, I take a break and just become a couch potato. Actually, I love being a couch potato, too!

Q1 How do I commute[1]?

저는 어떻게 출퇴근을 하나요?

➲ You commute by walking.

당신은 걸어서 출퇴근을 합니다.

Q2 How do I walk when I commute?

저는 출퇴근할 때 어떤 식으로 걷나요?

➲ You go from walking fast to walking slow.

빨리 걷기, 늦게 걷기를 반복합니다.

1 commute = (verb) 통근하다
= travel regularly by bus, train, car, etc. between your place of work and your home

Q3 Do I do wall-climbing every weekend?

저는 매 주말 '월클라이밍'을 하나요?

No. You ride a bike along the Han River. Or you're a couch potato.

아니오 (매 주말 '월클라이밍'을 하는 것은 아닙니다). 한강을 따라 자전거를 타거나 또는 하루 종일 텔레비전을 보면서 주말을 보냅니다.

2 Language-focused task: Translate the Korean into English

1 여러분은 평소에 규칙적으로 운동을 하세요?

____

= Do you exercise on a regular basis?

2 건강을 유지하기 위해서 무엇을 하시나요?

____

= What do you do to stay healthy / to keep healthy? → to verb = '목적'

3 이것이 (= 앞으로 말할 내용) 제가 건강한 생활을 유지하기 위해 하는 것입니다.

____

= This is what I do to maintain a healthy lifestyle / to keep a healthy lifestyle.

→ to verb = '목적'

backward -pointing reference and forward-pointing reference

this, that과 같은 지시대명사는 앞에서 이미 언급된 정보를 지칭할 때 사용하거나(backward-pointing reference) 또는 뒤에서 바로 언급될 정보를 지칭할 때 사용 가능하다(forward-pointing reference). 위 3번 문장의 this는 forward-pointing reference의 경우이다.

4 저는 먼저 매주 출퇴근 시간을 이용해 운동을 해요.

→ (영어) 출퇴근 시간을 이용해요 + 운동을 하기 위해

= First, every week, I use my commute time to get some exercise.

→ commute = (noun) 통근 / to verb = '목적'

5 보통 걸어서 출퇴근을 하거든요.

= Typically, I walk to and from work.

the phrase, 'to and from'

walk **to and from** work = 회사로 걸어서 출근하고 회사로부터 걸어서 돌아온다(퇴근한다)

= walk to work and walk back from work → walk to and from work

자가용으로 운전하여 출퇴근하다

= drive to and from work = commute by driving

6 평균적으로 대략 1시간 30분이 걸려요.

= On average, it takes one and a half hours or so.

→ or so = about, around, approximately = 대략

7 그냥 걷는 건 아니에요. 빨리 걸었다 천천히 걸었다 해요.

= I don't just walk. I walk fast and then walk slow.

8 이 패턴을 반복해서 하죠. 빨리 걸었다가 늦게 걸었다가 말이죠.

= I do this repeatedly, fast then slow. → this: backward-pointing reference

9 전문가들에 따르면 이런 식으로 걸으면 더 많은 칼로리를 소모할 수 있다고 해요.

= Experts say by walking this way, we (= people) can burn more calories.

→ by + verb-ing = ~ 함으로써 (수단, 방법)

by는 전치사이므로 뒤에 verb–ing(gerund)를 취하고 to verb(to infinitive)는 취할 수 없다.

the pronoun, 'we'

(Ch. 1) To be healthy, it's very important for us to eat breakfast.

→ us = people, '일반적인 사람들'

we의 목적격

10 그리고 직장에서는 엘리베이터가 아닌, 계단을 이용해 층을 이동해요.

(영어) 계단을 이용해요 + 층을 이동하기 위해

= Then at work, I take the stairs, not the elevator, to move / get from floor to floor.

→ to verb = '목적'

11 마지막으로 주말에는 스포츠 센터에 가서 암벽 타기를 해요.

= Finally, on weekends, I go to a sports center and do wall-climbing.

→ on weekends = (plural form) 특정 한 개 주말이 아닌 여러 주말을 가리키기 때문에

12 아니면, 날씨가 좋으면 한강 공원에 가서 강을 따라 자전거를 타기도 해요.

= Or if the weather is nice, I go to a Han River Park and ride a bike along the river.

13 운동을 하는 건 제 일상 생활에 활기를 줘요.

= Working out gives my daily life a boost.

→ work out = (phrasal verb) train the body by physical exercise / 운동하다

verb-ing OR gerunds used as subjects

운동을 하는 것은 제 일상 생활에 활기를 줘요. = Work**ing** out gives my daily life a boost.

words and grammatical structures: verbs with 'direct and indirect objects'

Working out gives my daily life + a boost.

= 나의 일상에 + 활기를 → give + something (~에) + something (~을)

= Working out gives a boost + **to** my daily life.

= 활기를 + 나의 일상에 → give + something (~을) + **'to'** something (~에)

14 하지만 어떤 주말에는 휴식을 가지고 소파에서 그냥 텔레비전만 봐요.

= On some weekends though, I take a break and just become a couch potato.

→ couch potato = someone who spends a lot of time sitting at home watching television

많은 시간을 집의 소파에 앉아 텔레비전을 보며 보내는 게으르고 비활동적인 사람

the adverb, 'though'

(Ch. 2) 하지만 평소와 같이 일어난 후에는 아파트 단지 주변을 산책했어요.

= As usual though, after I got up, I took a walk around my apartment complex.

15 사실 전 장시간 텔레비전만 보는 것도 너무 좋아해요!

= Actually, I love being a couch potato, too!

→ love + verb-ing = ~(verb)하는 것을 매우 좋아하다

1 Verb study: do

1 **Do = action:** 동작, 행위를 하다

What are you doing over there?

= 너 거기서 뭐 하는 거야?

(Parent to young child who put mom's red lipstick on her lips, out of curiosity

: 호기심에 엄마 립스틱을 입술에 바른 어린 자녀에게 부모가)

What did you do to your lips?

= (disapproval) 입술에 무슨 짓을 한 거야?

(Before inviting a friend to hang out

: 친구에게 놀자고 물어보기 전에 시간이 되는지 확인을 먼저 하고 싶을 때)

Are you doing anything tomorrow night? = 내일 밤에 뭐 할 거 있어?

→ tomorrow night = 'future time expression'

= Are you free tomorrow night? = 내일 밤에 시간 있어?

present progressive tense with 'future time expressions'

(Ch. 3) I'm going to China tomorrow.

= 저 내일 중국 가요.

2 **Do = how someone OR something is:** 누가 어떻게 지내다, 무엇이 어떻게 되다

Hey, how (are) you doing?

= 어떻게 지내?

How's your family doing?

= 가족들은 어떻게 지내세요?

How's your business doing?

= 일, 사업은 잘 되고 있어요?

A How did you do on your exam?

= 시험은 잘 쳤니?

B I think I did well. = I think I did a good job.

= 잘 친 것 같아.

B I didn't do well. = I didn't do a good job. = I did badly.

= 못 쳤어.

3 Do = homework / research / business: 숙제 / 연구 / 사업 등을 하다

(Parent to child: 부모가 자녀에게)

Did you do your homework?

= 숙제는 했니?

(At a job interview: 취업 면접에서)

What kind of research have you done?

= 어떤 종류의 연구를 해 왔습니까?

→ (present perfect) have + done (past participle) = 과거에서 현재 시점까지의 일, 상황 묘사

I do a lot of business with the US.

= 저는 미국(거래처)와 사업을 많이 합니다.

4 Do = housework (e.g., cooking / cleaning / dishes / laundry OR wash / ironing): 요리 / 청소 / 설거지 / 빨래 / 다림질 등의 집안일을 하다

I hate doing (the) housework. = 저는 집안일 하는 것 싫어해요.

I love doing the cooking / doing the cleaning. = 저는 요리 / 청소하는 거 좋아해요.

I hate doing the dishes / doing the laundry (OR the wash) / doing the ironing.

= 저는 설거지 / 빨래 / 다림질 하는 것 싫어해요. → love / hate + verb-ing

(Between siblings or spouses: 형제, 자매 간 또는 배우자 간에)

I'll do the bathroom. Will you do the living room?

= 화장실은 내가 청소할 테니, 넌 / 당신은 거실 청소 할래?

= I'll clean the bathroom. Will you clean the living room?

5 **Do = (a little, some, a lot of) acting / writing / singing**

: 연기 / 글쓰기 / 노래 등을 하다

I did a little / some / a lot of acting / writing / singing when I was in college.

= 저는 대학 다닐 때, 연기 / 글쓰기 / 노래를 조금 / 많이 했어요.

6 **Do = job:** 직업이 ~이다

A What do you do? = What do you do for a living? = What's your job?

= 직업이 어떻게 되세요?

B I'm a professor. = I teach in / at a university.

= 저는 대학 교수입니다 = 저는 대학에서 학생들을 가르칩니다.

7 **Do = provide a service for customers:** 고객에게 서비스를 제공하다

(Customer to restaurant server: 손님이 식당 종업원에게)

A Do you do (early) breakfast?

= 이 가게는 (이른) 아침 식사를 파시나요?

= Do you serve / offer (early) breakfast?

B No, sorry, we open at 11 am.

= 아니오, 죄송하지만 저희는 오전 11시에 문을 열어요.

8 **Do = cook:** 요리하다

(Waiter to guest: 종업원이 손님에게)

A How would you like your steak?

= 스테이크를 어떻게 익혀 드릴까요?

= How would you like your steak done? → done = do의 past participle

B Medium well-done, please.

= 미디엄 웰던으로 익혀 주세요.

B Well-done, please. (= Well-cooked)

= 웰던으로 (= 완전히) 익혀 주세요.

9 **Do = lunch / dinner / a movie:** (informal) 식사를 같이 하러 가다 / 영화를 같이 보러 가다

(To a friend)

Do you want to do brunch this Saturday?

= 이번 토요일에 브런치 하러 갈래?

We should do lunch / do dinner some time.

→ do lunch / dinner = have lunch / dinner together (at a restaurant)

= 언제 한번 점심 / 저녁 같이 하자.

Let's do a movie this weekend.

= 이번 주말에 영화 보러 가자.

= Let's go to the movies this weekend. → do a movie = 영화관에 영화 보러 가다

10 **Do = finish ('be done'):** 끝내다, 마치다

Are you done with your homework / your paper?

= 숙제 다 했니? / 과제물 다 했니?

2 Idioms and proverbs

1 **Money does not grow on trees**

= 돈은 그리 쉽게 생기는 것이 아니다, 땅을 파도 1원 한 장 안 나온다.

= it's not easy to earn money

예 He spends money too easily. He should realize money doesn't grow on trees.

= 그는 돈을 너무 쉽게 써. 돈을 버는 것이 쉽지 않다는 것을 깨달아야 해.

2 **Man does not (OR cannot) live by bread alone**

= 사람은 빵만으로는 살 수 없다, 물질이 다가 아니다.

= people need more than physical things such as food, houses, and money

예 A Mr. Rich killed himself even though he was wealthy.

= Rich씨가 자살을 했어. 부유한데도 말이야.

→ kill oneself = 자살하다 / even though + 'subject + verb' = 비록 ~ 일지라도

B Well, man doesn't (OR can't) live by bread alone.

= 사는 데 있어 물질이 다가 아닌 거지. = It takes more than money to be happy.

3 Don't count your chickens before they hatch

= 김칫국부터 마시지 마라. → hatch = 부화하다 = come out of an egg

= Don't be so sure about the results of something. Wait until it actually happens.

예 (TV로 축구 경기를 보는 상황: 한 팀이 이기고 있고 경기는 아직 끝나지 않은 상황)

Don't count your chickens before they hatch. The game isn't over yet!

= 김칫국부터 마시면 안 되지. 경기 아직 안 끝났거든! → over = (adverb) ended

the adverb, 'over'

(Ch. 1) I'm having a meeting right now. I'll call you back when it's over.

= 지금 회의 중이어서 끝나면 다시 전화 드릴께요. (회의 중 걸려온 전화를 받은 상황)

4 Don't put all your eggs in one basket

= 한 가지 일, 곳에 모든 걸 걸지 마라. 대안을 가져라.

= make sure you have some alternatives

예 You're applying for only one job? Don't put all your eggs in one basket.

= 한 곳에만 지원한다고? 한 곳에만 지원했다 떨어지면 낭패니깐 여러 곳에 지원해.

5 Don't bite off more than you can chew

= 너무 욕심을 부리지 마라. 무리하지 마라. 감당할 수 없는 것은 하지 마라.

= don't try to do too much or something that is hard for you

→ bite off something = ~을 이빨로 (베어) 물다 / chew = (음식을) 씹다

예 Can you really do three part-time jobs in a day? Don't bite off more than you can chew.

= 정말 하루에 3개 아르바이트를 할 수 있겠니? 무리하지 마라.

3 Phrasal verbs: do over ... (OR) do ... over / do without ... / do away with ...

1 Do over ... (OR) Do ... over = ~을 다시 하다 (over = (adverb) again)

예 (Between siblings cleaning at home: 집을 청소하는 형제, 자매의 대화)

Mom says we need to do over the bathroom. It's not clean enough. Let's do it over.

= 엄마가 화장실을 다시 청소해야 된대. 충분히 깨끗하지 못하대. 다시 하자.

→ (NOT) enough clean / it = the bathroom

(Student to professor)

Professor, I got a bad grade on my paper. Can I do it over? → it = my paper

= 교수님, 과제물 점수가 좋지 않은데 다시 해도 될까요?

2 Do without ... = ~없이 잘 지내다, 성공적으로 해내다

= manage, work, or perform successfully without having someone or something present

예 I can't do without coffee. = 저는 커피 없이는 살 수 없어요.

→ I cannot live, work, or function well without coffee.

We can't do without him in our company. = 우리 회사는 그가 없으면 안 돼요.

→ We cannot work or function well without him in our company.

3 Do away with ... = ~을 없애다, 버리다, 폐지하다

예 (To a friend who's going to a different school from the speaker)

My school is going to do away with uniforms.

= 우리 학교는 교복을 폐지할 거래.

4 Variety and Register: do you have vs. have you got

1 Variety

More Common for American English

I have two sisters.

= 저는 여동생(누나, 언니)이 둘 있어요.

I have long, brown hair.

= 저는 긴 갈색 머리를 가지고 있어요.

Do you have any sisters?

= 여동생(누나, 언니)이 있나요?

More Common in British English

I've got two sisters. → 've got = have got

= 저는 여동생(누나, 언니)이 둘 있어요.

I've got long, brown hair.

= 저는 긴 갈색 머리를 가지고 있어요.

Have you got any sisters?

= 여동생(누나, 언니)이 있나요?

2 Register

More Formal

I have two sisters. = 저는 여동생(누나, 언니)이 둘 있어요.

I have long, brown hair. = 저는 긴 갈색 머리를 가지고 있어요.

Do you have any sisters? = 여동생(누나, 언니)이 있나요?

More Informal

I've got two sisters. = 저는 여동생(누나, 언니)이 둘 있어요.

I've got long, brown hair. = 저는 긴 갈색 머리를 가지고 있어요.

Have you got any sisters? = 여동생(누나, 언니)이 있나요?

5 Breaking words into parts: prefixes (re- / over-)

[re- / over-] + base word = again / too much

re- + do (verb 무엇을 하다) = redo (verb 무엇을 다시 하다)

over- + do (verb 무엇을 하다) = overdo (verb 무엇을 지나치게 하다, 지나치게 사용하다, 지나치게 익히다)

예 Professor, can I redo my paper? I can do better this time.

= 교수님, 과제물 다시 해도 될까요? 이번에는 더 잘 할 수 있습니다.

= Professor, can I rewrite my paper? I can do better this time.

more examples

I need to repaint the room. = 방을 다시 칠해야 돼요.

(Between siblings cleaning at home: 집을 청소하는 형제, 자매의 대화)

Mom says we need to do over the bathroom. It's not clean enough. Let's do it over.

= 엄마가 화장실을 다시 청소해야 된대. 충분히 깨끗하지 못하대. 다시 하자. = Let's redo it.

(Mom to child who's putting too much salt in her food

: 엄마가 음식에 소금을 너무 많이 넣고 있는 자녀에게)

You're overdoing the salt.

= You're putting too much salt.

= 소금을 너무 많이 넣고 있네.

Stop using so much. It's unhealthy for you.

= 너무 많이 넣지 마. 건강에 안 좋아.

Try not to overdo / overcook the noodles. = 면이 너무 익지 않도록 해.

→ overdo = overcook

6 Confusing aspects of English: will do vs. that'll do

1 Will do.

(Between coworkers: 직장 동료 간의 대화)

A Can you substitute for me next weekend?

= Can you cover for me next weekend? = 다음 주말에 나 대신 근무해 줄 수 있어?

→ substitute for somebody / cover for somebody

= do someone else's job for a short period of time

= 자리를 비운 사람의 일을 대신하다

B Will do. = 그래. = I will do that. = OK.

2 That'll do.

(Server to customer: 식당 종업원과 손님의 대화)

A We don't have the cake dessert you requested, but I brought you some pie instead.

= 요청하신 케이크 디저트가 없어서 대신에 파이를 가져왔습니다.

word order differences between Korean and English

(한국어 어순) 당신이 요청하신 (수식어) + 케이크 디저트 (피수식어)

(영어 어순) 케이크 디저트 (피수식어) + 당신이 요청하신 (수식어)

= the cake dessert + you requested → 수식어 = 'relative clause'

words and grammatical structures: verbs with 'direct and indirect objects'

I brought + you + some pie.

= 당신에게 (= 손님에게) 파이를 가져왔습니다.

→ **bring** + someone (~에게: indirect object) + something (~을: direct object)

= 누구에게 무엇을 가져오다

B That'll do. Thank you.

= 그거면 돼요. 고마워요.

= That's suitable / satisfactory.

1 Fluency developments with dialogs

1 상황) 모임에서 처음으로 만난 사람과의 대화

A 어떤 일을 하고 계십니까?

= What do you do? = What do you do for a living?

B I have my own business.

제 개인 사업을 하고 있어요.

A Oh really? What kind of business?

아 그래요? 어떤 사업을 하시고 계신데요?

B I run a private educational institute.

학원을 운영하고 있어요. → 학원 = a private educational institute = an academy

2 상황) 집안일에 대해 나누는 친구 간의 대화

A Do you help your mom?

너 어머니 거들어드리니?

B 글쎄, 많이 해 드리지는 않아.

= Well, I don't do much.

B 그래도 저녁 식사 설거지는 내가 자주 하는 편이야.

= But I often do the dishes after dinner. = But I often wash the dishes after dinner.

A What about your dad?

너희 아버지는 뭘 하셔?

B He vacuums the carpet and takes out the trash.

카펫을 청소기로 돌리시고 쓰레기 버리셔.

→ take out the trash = 쓰레기를 갖다 버리다 = move the trash from indoors to outdoors

3 상황) 부모와 자녀 간의 대화

A Mom, can you give me 10,000 won?

엄마, 나 만 원 줄 수 있어요?

B I gave you 10,000 won two days ago. Did you spend it already?

이틀 전에 줬잖니. 벌써 다 썼니?

A Yes.

네.

B 얘야, 돈은 거저 생기는 게 아니란다.

= Sweetie, money doesn't grow on trees.

2 Fluency developments in sentences

1 (학부모가 학교 선생님에게) 제 아들이 학교 생활은 잘 하고 있나요?

= How's my son doing in school?

2 저는 커피 없이는 살 수 없어요.

= I can't do without coffee.

3 라면 너무 오래 끓이지 마.

= Try not to overdo the ramyun.

= ··············· overcook ················· .

4 보고서는 다 작성했나요?

= Are you done with the report? = Are you finished with the report?

→ done = finished

5 이 브랜드는 스포츠웨어만 만드나요?

= Does this brand do sports wear only?

= .... produce sports wear .... ?

CHAPTER 6

The Verb

Give

Special uses of 'this OR these' in very informal speech

this, these와 같은 지시형용사는 비격식적인 상황에서
청자에게 누구 또는 무엇을 처음으로 소개할 때 관사 a / an 대신 흔히 사용된다.
예를 들어 There's a project I'm working on **vs.**
There's this project I'm working on의 경우
두 문장 모두 사용 가능하지만
this를 사용한 후자의 문장이 더 비격식적인 뉘앙스의 문장으로 전달된다.

1 Meaning-focused task: Listen to OR read the dialog

(Between coworkers)

Woman	You seem a bit down today.
Man	Do I? Well, you're kind of right. I'm actually pretty drained.
Woman	Is there something going on?
Man	There's this project I'm working on, and it's been almost a year since I started it. I never imagined it would take this much time.
Woman	Well, you know, things sometimes don't go as planned. Why don't you give yourself a break? That might help you to recharge and then you'll be able to work more efficiently.
Man	I wish I could, but I need to get this project done as soon as possible.
Woman	In that case, I hope everything will work out for you. And don't forget that health is everything.
Man	Thanks!

Q1 Does the man feel exhausted?

남자는 매우 지쳐 있는 상태인가요?

Yes, he feels quite drained. 네, 매우 지쳐 있습니다.

Q2 Why does he feel drained?

남자는 왜 매우 지쳐 있나요?

His project is taking much[1] more time than expected[2].

남자가 진행 중이던 프로젝트가 예상보다 훨씬 더 많은 시간이 걸리고 있기 때문입니다.

1 much more time = 훨씬 더 많은 시간 → more time의 의미를 강조하는 much로, 뒤의 time이 셀 수 없는 명사이므로 many가 아닌 much를 사용한다.

2 take much more time than expected = 예상보다 훨씬 더 많은 시간이 걸리다

Q3 What is the woman's advice for him?

남자에 대한 여자의 조언은 무엇인가요?

The man should give himself a break from the project.

남자가 프로젝트를 잠시 중단하고 휴식을 가지기를 제안합니다.

2 Language-focused task: Translate the Korean into English

(Between coworkers: 직장 동료 간의 대화)

1 Woman: 오늘 좀 우울해 보인다.

= You seem a bit down today.

→ down = (adj.; informal) 우울한 / a bit = (adverb) a little = 조금

words and grammatical structures: the verb, 'seem'

seem + 'adjective' = ~(adjective)인 것 같다

→ (Ch. 2) These days, you always seem tired. = 요즘 너 항상 피곤해 보이는 것 같아.

2 Man: 그렇게 보여? 음, 네 말이 맞긴 해. 사실 많이 지쳐 있는 상태야.

= Do I? Well, you're kind of right. I'm actually pretty / quite (= very) drained.

→ Do I? = Do I seem a bit down today?

1번 문장의 seem a bit down today가 생략된 표현

kind of = (informal) to some small degree; somewhat = 약간, 어느 정도

drained = (adjective) very tired and without energy; exhausted

매우 피곤한, 진이 빠진

(Ch. 2) Actually, I'm really exhausted. = 사실 완전 지쳤어.

3 Woman: 무슨 일 있어?

= Is there something going on?

→ (평서문) There is something going on.

the phrasal verb, 'go on'

(Ch. 3) A Do you hear the noise above us, too?

= 위층의 소리 (= 소음) 당신도 들려?

B Yeah, what's going on there?

= 응, 무슨 일이지? (= 무슨 일이 일어나고 있지?)

4 Man: 내가 진행 중인 프로젝트가 있는데, 시작한 지 1년이 다 되어가고 있어.

= There's this project I'm working on. And it's been almost a year since I started it.

→ it = non-referential 'it' (time)

→ work on something = (phrasal v.) try hard to improve or achieve something

무엇을 향상시키거나 달성하려고 열심히 노력하다

special uses of 'this OR these' in very informal speech

this, these와 같은 지시형용사는 비격식적인 상황에서 누군가 또는 무엇을 처음으로 소개할 때 관사 a / an 대신에 사용될 수 있다.

There's **a** project I'm working on. (vs) There's **this** project I'm working on.

→ a project, this project 모두 사용 가능하지만 this project가 a project보다 더 비격식적인 뉘앙스를 전달한다.

word order differences between Korean and English

There's this project I'm working on.

(한국어 어순) 내가 진행 중인 (수식어) + 프로젝트 (피수식어)

(영어 어순) 프로젝트 (피수식어) + 내가 진행 중인 (수식어)

= this project + I am working on → 수식어 = 'relative clause'

(Ch. 5) We don't have the cake dessert you requested.

= 손님께서 요청하신 케이크 디저트가 없네요. → 수식어 = 'relative clause'

present perfect tense with the conjunction, 'since'

have (OR 've) / has (OR 's) + 'past participle' + since + 'subject + verb'

= ~(subject + verb)한 이래로 ~되어 왔다 (과거에서 시작하여 현재까지 지속되는 상황)

→ And it's been almost a year since I started it. ('started it의 it' = the project)

→ since = ~이후로 (접속사)

= 프로젝트를 시작한 지 거의 1년이 다 되어 가고 있어.

5 Man: 이렇게 시간이 많이 걸릴 거라고는 상상도 못했어.

= I never imagined it would take this much time.

→ imagine + 'subject + verb' = ~(subject + verb)를 상상하다

6 Woman: 가끔 일이 계획대로 되지 않을 때도 있잖아.

= Well, you know, things sometimes don't go as planned.

7 Woman: 잠시 쉬어 가는 시간을 가져 보지 그러니?

= Why don't you give yourself a break?

→ give + yourself + a break

= 너 자신에게 (indirect object) + 휴식을 (direct object)

= Why don't you take time off from the project?

the phrase, 'take [something] off from [something]'

(Ch. 4) Why don't you take a day off tomorrow from your workout routine?

= 평소에 하던 운동(으로부터) 내일 하루 쉬지 그래?

8 Woman: 잠시 쉬면 재충전이 될 수도 있어. 그럼 더 효율적으로 일할 수 있을 거야.

= That might help you to recharge / refresh, and then you'll be able to work more efficiently.

→ That = 7번 문장의 giving yourself a break

help + someone + (to) verb = 누가 ~하는 것을 돕다

recharge / refresh = (verb; informal) get back your strength and energy by resting for a time = 휴식을 취하여 에너지를 재충전하다

+ re- = (prefix) again

9 Man: 나도 그러고 싶지만 가능한 빠른 시일 내에 끝내야 해.

= I wish I could, but I need to get this project done as soon as possible.

→ done (past participle) = finished

get something done = cause something to be done (= be finished)

~을 끝내다

+ (Ch. 5) Are you done (= finished) with your report? = 보고서 다 작성했나요?

hypotheticals with 'wish'

I wish + 'subject + verb (past form)'

= 현실적으로 가능성이 낮거나 불가능한 상황에서의 '바람'의 표현

→ I wish I could, but I need to get this project done as soon as possible.

= I wish I could give myself a break, but I need to get this project done as soon as possible.

= 나도 휴식을 취하고 싶지만 현실적으로 그럴 수가 없어. 이 프로젝트를 가능한 빠른 시일 내에 끝내야 되거든.

10 Woman: 그렇다면 일이 잘 풀리기를 바라.

= In that case, I hope everything will work out for you.

→ work out = (phrasal v.) be successful or develop in a successful way

~이 잘 풀리다

11 Woman: 건강이 제일 중요하다는 것 잊지 말고.

= And don't forget that health is everything.

= health is the most important.

12 Man: 고마워!

= Thanks!

1 Verb study: give

words and grammatical structures: the verb, 'give'

give [something] [to somebody]

주다 무엇을 (direct object) + 누구에게 (indirect object)

give [somebody] [something]

주다 누구에게 (indirect object) + 무엇을 (direct object)

1 Give = hand something to somebody: 누구에게 무엇을 건네주다

(Between siblings: 형제, 자매간)

Did you give the mail to mom? = 너, 그 우편물 엄마한테 드렸어?

= Did you give mom the mail?

2 Give = hand something to somebody as a present: 누구에게 무엇을 선물로 주다

I gave a movie ticket to her. = 그녀에게 영화 티켓(관람권)을 선물로 줬어.

= I gave her a movie ticket.

What are you giving Jenny for her birthday? = 제니 생일 날 뭘 줄 거야?

(← you are giving Jenny what = 너는 제니에게 무엇을 줄 것이다)

3 Give = provide somebody with something: 누구에게 무엇을 제공하다

(Talking with a customer on the phone: 전화로 고객과 통화 중)

Could you give me your name and address, please?

= 성함과 주소를 말씀해 주시겠어요?

= Could I have your name and address, please?

(Student to professor: 학생이 교수에게)

Could you give me some advice? = 조언 좀 해 주시겠어요?

= Could I get some advice from you?

(To a friend or sibling: 친구 또는 형제, 자매에게)

Can you give me a ride home / to the station? = 집까지 / 역까지 태워줄 수 있어?

→ ride = (noun) a free ride in a car = 공짜로 차를 얻어 타는 것

= Can I get a ride home / to the station?

one word with different parts of speech: the word, 'ride'

(Ch. 5) I go to a Han River Park and ride a bike along the river.

= 한강 공원에 가서 강을 따라 자전거를 타요. → ride = (verb) ~을 타다

I give Spanish lessons to him. = 저는 그에게 스페인어를 가르쳐요.

= I give him Spanish lessons. = He takes Spanish lessons from me.

(Parent to child, leaving home: 등교시키기 위해 아이를 재촉하는 부모)

We're running out of time. I'll give you 5 minutes. Hurry up!

= 시간이 없어. 5분 줄게. 서둘러.

→ run out of time = have no more time to do or complete something

무엇을 할 시간이 없다, 시간이 다 되다

4 Give = donate money / pay money to do something

: 돈을 기부하다 ('목적어'가 필요 없는 '자동사'로 사용 가능) / 돈을 지불하다

I give regularly to a charity every month. = 저는 매달 정기적으로 자선단체에 기부를 해요.

I gave (= paid) 50 dollars for a microwave. = 전자레인지를 50달러 주고 샀어.

5 **Give = used to describe a particular action (+ 'noun')**

: 특정한 행동 묘사 (+ '명사')

He gave me [a hug / a kiss / a smile / a frown / a suspicious look].

= 그는 나를 안았다 / 나에게 키스했다 / 나에게 미소를 지었다 / 나에게 눈살을 찌푸렸다 / 나를 의심스럽게 쳐다 보았다.

→ a hug, a kiss, a smile, a frown, a look = 'noun'

= He hugged me / kissed me / smiled **at** me / frowned **at** me / looked **at** me suspiciously.

→ hug, kiss, smile, frown, look = 'verb'

6 **Give = telephone call:** 누구에게 전화를 주다, 하다

Give me a call when you get back from your trip, OK?

= 여행에서 돌아오면 전화해 알았지?

= Call me when you get back from your trip, OK?

7 **Give = grade:** 누구에게 점수, 평점을 주다

The professor gave me an A+ on my assignment.

= 교수님은 나의 과제물에 A+을 주셨다.

→ preposition 'on'

I will give you ten out of ten for creativity.

= 독창성에 대해서 10점 만점에 10점을 줄게요.

→ preposition 'out of'

8 Give = make someone sick: 누구에게 병 등을 옮기다

(Parent to child: 부모가 자녀에게)

I don't want to give you my cold. Stay / keep away from me, please.
(= I don't want to give you my cold, so stay / keep away from me until I get better.)
= 감기 옮기면 안 되니깐, 좀 떨어져 있어줘 (나랑 거리를 좀 둬줘).

→ stay / keep away from somebody = avoid going near somebody
누구에게 가까이 가지 않다

9 Give = a talk / a speech / a press conference: 강연 / 연설 / 기자회견 등을 하다

The President will be giving a press conference in an hour.
= 대통령은 한 시간 안에 (또는 한 시간이 흐른 시점에) 기자 회견을 하고 있을 것이다.
→ 기자 회견을 시작할 것이다

future progressive tense

will + 'be + verb-ing' = 미래 특정 시점에 일어나고 있을 일, 상황 묘사
→ The President will be giving a press conference in an hour.
= 대통령은 한 시간 안에 (또는 한 시간이 흐른 시점에) 기자 회견을 하고 있을 것이다. (→ 기자 회견을 시작할 것이다)

The speaker will give a talk on Renaissance art. → preposition 'on' = about
= 그 발표자는 르네상스 미술에 대해 강연할 것이다.

2 Idioms and proverbs

1 Give it time

= 시간을 주다, 시간을 갖다 = wait before you take action

예 I know you want to play soccer again, but give it time. Your ankle hasn't healed yet.

= 축구 다시 하고 싶은 마음은 알겠는데 시간이 더 필요해. 발목이 아직 낫지 않았잖아.

→ (present perfect) hasn't healed = has not healed = 과거부터 현재까지의 일, 상황

2 Give someone a hand

= 누군가를 도와주다 = help someone

예 (계단 앞에서 무거운 가방을 들고 있는 할머니를 본 지나가는 행인이)

Let me give you a hand (= Let me help you). I'll take this to the bottom (of the stairs).

= 제가 도와 드릴게요. 계단 아래까지 옮겨다 드릴게요.

the verb, 'take'

(Ch. 2) I took my girlfriend to a decent restaurant.

= 나는 여자친구를 꽤 괜찮은 식당에 데려갔다.

3 Give someone a hard time

= 누군가에게 힘든 시간을 주다, 괴롭히다 = bother someone or cause difficulty

예 My wife's been giving me a hard time ever since I forgot our wedding anniversary.

= 결혼 기념일을 잊은 이후로 아내가 계속해서 나를 힘들게 하고 있어.

→ a hard time = making me feel guilty by making constant references to my forgetting

present perfect progressive tense with the conjunction 'since'

have (OR 've) / has (OR 's) + been + verb-ing + since + 'subject + verb'

= 과거 ~(subject + verb) 이후로 현재에도 계속 진행 중인 상황 묘사

→ My wife's been giving me a hard time ever since I forgot our wedding anniversary.

= 결혼 기념일을 잊은 이후로 아내가 계속해서 나를 힘들게 하고 있어.

→ since + 'subject + verb' (since = 접속사)

(vs) present perfect tense with the conjunction 'since'

There's this project I'm working on. And it's been almost a year since I started it.

= 내가 진행 중인 프로젝트가 있는데, 시작한 지 거의 1년이 다 되어가고 있어.

(Parent to child: 부모가 자녀에게)

Is the boy still giving you a hard time at school? = 아직도 그 애가 학교에서 널 괴롭혀?

→ a hard time = bullying = 본인보다 약한 사람을 괴롭히는 행위

4 Give someone one's word

= 누구에게 약속하다, 무엇을 보장하다 = promise / guarantee something

예 I won't lie to you again. I give you my word. (= I promise. / I guarantee.)

= 다시는 거짓말하지 않을게. 약속해. → won't = will not

5 Give someone the benefit of the doubt

= 사실인지 확실하지 않지만 누군가의 말을 믿어주기로 하다

= decide to believe someone, even though you aren't sure what the person is saying is true

예 I don't know if he's telling me the truth, but I'll give him the benefit of the doubt.

= 그가 사실을 말하고 있는지는 모르겠지만, 믿어 주려고.

→ tell (someone) the truth = speak honestly = (누구에게) 사실대로 말하다

3 Phrasal verbs: give ... away (OR) give away ... / give ... up (OR) give up ...

1 **Give ... away (OR) Give away ...** = 무엇을 공짜로 주다, 나누어 주다

예 I don't wear these clothes anymore. I'll give them away.

= 이 옷들은 이제는 안 입으니깐 누구한테 주든지 기부해야겠다.

2 **Give ... up (OR) Give up ...** = 하던 일을 그만두다, 무엇을 포기, 단념하다

예 I gave up smoking one year ago.

= 저는 1년 전에 담배를 끊었어요.

I used to eat pizza, but I gave it up to lose weight. → it = 'pizza' or 'eating pizza'

= 피자 먹곤 했는데 살 빼려고 포기했어.

→ used to + 'verb' = 과거에 ~(verb)을 하곤 했었다

the phrasal modal, 'used to + verb'

(Ch. 4) So at lunch time, my friends used to gather around.

= 그래서 점심 시간이 되면 친구들이 모이곤 했었어요.

(Ch. 4) She used to make pretty clothes for my dolls.

= 엄마는 인형들 옷을 예쁘게 만들어 주시곤 하셨어요.

4 Nuance: hug me vs. give me a hug

누군가를 오랜만에 만났을 때 또는 헤어질 때 '안아보자'는 영어로 어떻게 표현하는 것이 좋을까요?

예를 들어, 친구 사이에, 부모가 자녀에게, 자녀가 부모에게

Hug me. = 날 안아라, 날 포옹해라.

→ direct, forceful like a command

명령하는 것처럼 또는 강제적으로 애정을 갈구하는 듯한 뉘앙스로 적절하지 못한 표현이다.

Give me a hug. = 안아줘, 안아 보자.

→ still direct, but softer and more natural way of asking someone

여전히 직접적인 뉘앙스이지만 Hug me보다 더 부드럽고 자연스러운 뉘앙스로 적절한 표현이다.

(OR) **Where's my hug?** (witty expression) = 내 hug가 어디 있지?

→ 간접적인 표현으로 결국은 안아 달라는 의미로 위트가 담긴 적절한 표현이다.

5 Breaking words into parts: prefixes (ex- / pre-)

[ex- / pre-] + base word = was / before

ex- + boyfriend (noun 남자친구) = ex-boyfriend (noun 전 남자친구)

pre- + school (noun 학교) = preschool (noun 유치원)

예 He's my ex-husband. = 그는 내 전 남편이야. = He's my ex.

(Student at a department office: 학과 사무실에서 학생이)

I'd like to sign up for this course. Is there a prerequisite for it?

= 이 과목을 수강 신청하고 싶은데요, 미리 들어야 하는 과목이 있나요?

→ prerequisite = (formal) 특정 과목을 듣기 전에 반드시 수강을 완료해야 하는 과목

6 Confusing aspects of English: give it something

영어와 한국어는 언어학, 문화적으로 매우 다른 언어로 표현 방식 역시 차이가 크다. 따라서 영어식의 독특한 표현들에 노출되어 영어식의 표현 방식을 이해하는 것이 중요하다. 예를 들어,

Give it something

= 그것에 (indirect object) 무엇을 (direct object) 주다 → 무엇을 하다

예 I've never made Kimchi before, but I'll give it **a try.** → it = making Kimchi

= I'll try to make Kimchi.

= 김치 만든 적은 없지만 한번 해 볼게.

A I ran out of toothpaste. = 치약 다 썼어.

→ run out of something = use up the available supply of something

= 무엇을 다 쓰다

B Give it **a** (hard) **squeeze**. = 한번 (세게) 짜봐. → it = the tube of toothpaste

= Squeeze the toothpaste (hard).

1 Fluency developments with dialogs

1 상황) 회사 회식이 끝난 후 동료와의 대화

A That was fun! So how will you get home?

재미있었어요! 이제 어떻게 댁으로 가실 건가요?

B I'll go to the nearby subway station.

근처 지하철 역으로 갈 거예요.

A 제가 태워드릴게요.

= I'll give you a ride.

B Oh, great! Thanks a lot!

아 좋아요! 고마워요!

2 상황) 회사에서 동료와의 대화

A Have you heard?

들었어요?

B Have I heard what? = Heard what?

뭐요?

→ Heard what?은 Have I heard what?의 준말로 casual한 느낌이지만 rude한 어조는 아님

A You know that burger restaurant over there?

저기 있는 햄버거 가게 알죠?

B Yeah.

네

A 햄버거를 공짜로 나눠주고 있대요.

= They're giving away hamburgers.

→ they = that burger restaurant의 관계자들

the phrase, 'over there'

You know that burger restaurant over there?

= 저기 있는 햄버거 가게 알죠?

(Ch. 5) What are you doing over there? = 너 거기서 뭐 하는 거야?

3 상황) 선생님과 교실 벽에 낙서를 한 것으로 의심되는 학생과의 대화

A Did you scribble on the wall?

벽에 낙서했니?

→ scribble = (verb) draw marks that do not mean anything + 'on' the wall

B No.

아니요.

A Can I believe you?

믿어도 될까?

B Yes.

네.

A 그래, 믿어 보자.

= OK. I'll give you the benefit of the doubt.

2 Fluency developments in sentences

1 여행에서 돌아오면 전화해 알았지?

= Give me a call when you get back from your trip. OK?

= Call me .... ?

2 나는 시험 공부를 위해 주말을 포기했다.

= I gave up my weekend to study for the exam.

→ study for something = ~을 위해 공부하다

3 내가 지금 진행중인 프로젝트가 있어.

= There's this project I'm working on.

4 잠시 쉬어 가는 시간을 갖지 그러니?

= Why don't you give yourself a break?

5 건강이 제일 중요하다는 것 잊지 마.

= Don't forget that health is everything.

= .... health is the most important.

CHAPTER 7

The Verb

Get

Nuance: 'get a chance'

한국어와 마찬가지로 영어도 상대방을 배려하는
뉘앙스를 담아 메세지를 표현할 수 있다.
예를 들어 Give me a call back **vs.**
Give me a call back when you get a chance의 경우
두 문장 모두 사용 가능하지만
when you get a chance의 표현이 담긴 후자의 문장이
좀 더 정중한 뉘앙스의 문장으로
상대방의 시간을 존중하고 배려한다는 뉘앙스를 전달한다.

1 Meaning-focused task: Listen to OR read the dialog

(Siblings talking about their mother, who is in her seventies)

Brother The days are getting shorter.

Sister Yeah, and winter is just around the corner. But, come to think of it, it doesn't seem that chilly these days.

Brother Actually, I've been thinking that, too. The weather's been weird for this time of year.

Sister It might have something to do with global warming.

Brother Yeah, probably.

Sister By the way, you know mom's birthday is in December. What are you going to get her? Have you thought about it?

Brother I was thinking that I might get her a new pair of sneakers. The other day, she said in passing that the ones she's using now are not that comfy.

Sister Oh, really? That's a good idea. But you might want to take her to a store with you. You know she's pretty picky.

Brother Right. I'll do that. What about you? What are you going to get her?

Sister Um... I might as well just give her some money, so she can do whatever with it.

Q1 What is the brother going to buy for his mother's birthday?

남동생은 어머니의 생신날에 무엇을 사 드릴 계획인가요?

➡ He's going to get her a new pair of sneakers.

남동생은 어머니에게 새 운동화 한 켤레를 사 드릴 것입니다.

Q2 What is the sister going to do for her mother's birthday?

누나는 어머니의 생신날에 무엇을 할 계획인가요?

- She's thinking about giving her money as[1] a gift.

  누나는 어머니에게 현금을 선물로 드릴 생각을 하고 있습니다.

Q3 What month is the mother's birthday?

어머니의 생신날은 무슨 달인가요?

- It's December.

  12월입니다.

2 Language-focused task: Translate the Korean into English

(Siblings talking about their mother, who is in her seventies: 70대 어머니에 대한 대화)

1 Brother: 해가 점점 짧아지고 있어.

____

= The days are getting shorter.

→ shorter = 형용사 short의 비교급(comparative adjective) → 더 ~한

2 Sister: 응. 그리고 겨울이 얼마 남지 않았네.

____

= Yeah, and winter is just around the corner. = Winter is coming.

→ (just) around the corner = going to happen soon = 무엇이 곧 일어나다, 발생하다

---

1 as a gift (as: 'preposition') = 선물로 → (Ch. 4) It's harder to make friends as an adult.
= 성인으로서 (= 성인이 되어) 친구를 사귀는 것은 더 힘들다.

3 Sister: 근데 그러고 보니(생각해 보니) 요즘 그렇게 안 추운 것 같네.

= But, come to think of it, it doesn't seem that chilly these days.

→ come to think of it = used when you suddenly remember something or realize that it might be important
무엇을 갑자기 기억하거나 무엇의 중요성을 깨달았을 때 사용

chilly = (adjective) uncomfortably cool or cold; noticeably cold
날씨가 쌀쌀한

It doesn't seem that chilly these days. → seem + 'adjective'
(Ch. 2) These days, you always seem tired. = 요즘 너 항상 피곤해 보이는 것 같아.
(Ch. 6) You seem a bit down today. = 오늘 좀 우울해 보인다.

4 Brother: 실은 나도 그렇게 생각하고 있었는데. 이 맘 때 이 날씨는 이상하지.

= Actually, I've been thinking that, too. The weather's been weird for this time of year.

present perfect progressive and present perfect tenses

Actually, I'**ve** been thinking that, too. = I **have** been thinking that, too.
The weather'**s** been weird for this time of year. = The weather **has** been weird ...
→ weird = (adjective) very strange or unusual = 이상한, 기이한

5 Sister: (날씨가 춥지 않은 이유는) 지구 온난화 때문일지도 몰라.

= It might have something to do with global warming.
→ have something to do with ~ = (정확히는 알 수 없지만) ~와 관련이 있다

6 Brother: 응. 아마도.

= Yeah, probably.

7 Sister: 그런데 엄마 생신이 12월이잖아.

= By the way, you know, mom's birthday is in December.

→ (Ch. 3) Can you do me a favor, by the way? = 근데 부탁 하나 들어줄 수 있어?

→ by the way = 화제 전환 시 사용

8 Sister: 뭐 사다 드릴 거야? 생각해 봤어?

= What are you going to get / buy her? Have you thought about it?

9 Brother: 새 운동화 한 켤레 사 드릴까 생각하고 있었어.

= I was thinking that I might get / buy her a new pair of sneakers.

→ think + that 'subject + verb' = that 이하를 생각하다

a new pair of sneakers = a pair of + 'plural noun'

10 Brother: 며칠 전에 엄마가 지나가는 말로 지금 신고 있는 운동화가 그리 편하지 않다고 하셨거든.

= The other day / a few days ago, she said in passing that the ones she's using / wearing now are not that comfy / comfortable.

→ say + that 'subject + verb' = that 이하를 말하다

comfy = (adjective; informal) comfortable

word order differences between Korean and English

The one's she's using now are not that comfy.

(한국어 어순) 그녀가 지금 신고 있는 (수식어) + 운동화(피수식어)

(영어 어순) 운동화 (피수식어) + 그녀가 지금 신고 있는 (수식어)

= the ones (= the sneakers) + she's using now → 수식어 = 'relative clause'

(Ch. 6) There's this project I'm working on.

= 내가 진행 중인 프로젝트가 있어.

11 Sister: 그래? 좋은 생각인데. 근데 엄마랑 가게 같이 가서 사 드리는 게 좋을 거야.

____

= Oh, really? That's a great idea. But you might want to take her to a store with you.

→ You might want + to 'verb'

= ~(verb)하는 게 바람직하다, ~(verb)하는 것이 좋겠다

상대방에게 조언을 할 때 사용 (= should)

12 Sister: 엄마가 꽤 까다로우시잖아.

____

= You know, she's pretty (= very) picky.

→ pretty **(adverb)** + picky (adjective)

one word with different meanings and different parts of speech: the word, 'pretty'

pretty는 형용사(adjective)로 '예쁜'의 의미가 있고 명사(noun)을 수식하는 기능이 있지만 또한 부사(adverb)로도 사용되어 '매우'의 의미를 지니며 형용사를 수식하는 기능이 있다.

(Ch. 4) She used to make pretty clothes for my dolls.

= 엄마는 인형들에게 **예쁜** 옷들을 만들어 주시곤 하셨어요.

→ pretty **(adjective)** + clothes (noun)

(Ch. 6) I'm actually pretty (= very) drained. = 사실 나 **굉장히** 지쳐 있는 상태야.

→ pretty **(adverb)** + drained (adjective)

13 Brother: 맞아. 엄마랑 같이 갈게. 누난? 누난 뭘 사다 드릴 거야?

= Right. I'll do that. What about you? What are you going to get / buy her?

14 Sister: 음 ... 나는 그냥 현금으로 드릴까 해. 엄마가 원하시는 대로 쓰실 수 있게.

= Um... I might as well just give her some money, so she can do whatever with it.

→ it = some money

might as well + 'verb' (bare infinitive form)

= (informal) used to suggest doing something, often when there is nothing better to do

(보통 다른 더 좋은 대안이 없을 때) ~하는 게 나을 수 있다, ~하는 편이 낫겠다

02

1 Verb study: get

1 **Get = receive:** 무엇을 받다

I get a lot of junk mail / spam mail. = (이메일에) 스팸 메일이 많이 와.

→ junk = (uncountable noun) 쓸모 없는 물건, 쓰레기

junk / spam mail = (informal; disapproving) 요청하지 않았는데 오는 광고 목적의 메일

What do you want to get for Christmas? = 크리스마스 날 무슨 선물 받고 싶어?

My place gets a lot of sunshine. = 우리 집은 햇빛이 잘 들어요.

I sold my couch and got 100 dollars. = 소파 팔았는데 100달러 받았어.

2 **Get = 'obtain' = receive something 'with effort':** 무엇을 노력해서 얻다

I've got / have good news. I got a job! = 좋은 소식이 있어. 나 취직했어!

I'd like to get a promotion this year. = 올해는 승진을 하면 좋겠어.

Someone's trying to get your attention. = 누군가 당신의 주의를 끌려고 하고 있네요.

3 **Get = buy = 'get + something' / 'get + someone + something'**

: 무엇을 사다 / 누구에게 무엇을 사주다

(When ordering at a restaurant: 식당에서 주문 시)

Can I get / have a Coke? = 콜라 하나 주세요. → get + something

I like your jacket! Where did you get it? = 네 재킷 예쁘다. 어디서 샀어? → get + something

Can you get (me) a loaf of white bread from the store?

= 가게에서 흰 식빵 한 덩어리 사올래?

→ get + someone + **'something'** = get + me + **'a loaf of white bread'**

At the end of the year, I'm going to get myself something really nice. I deserve it.

= 연말에 나는 내 자신한테 정말 멋진 걸 사줄 거야. 난 그럴 자격이 있어.

→ get + someone + **'something'** = get + myself + **'something really nice'**.

(한국어 어순) 정말 멋진 + 것 = 수식어 + 피수식어

(영어 어순) some**thing** + really nice = 피수식어 + 수식어

(NOT) really nice + something = 수식어 + 피수식어

4 **Get = go to a place and bring something or someone**

= 'get + something' OR 'get someone' / 'get + someone + something'

: 어디로 가서 무엇을 가져오다, 누구를 데려오다 / 누구에게 무엇을 가져가다

(At a parking lot: 주차장에서)

Darn it! I forgot my car keys. I need to go and get them.

→ get + something (get = bring)

= 에잇! 차 키를 잊어 버렸네. 다시 가서 가져와야 돼.

Somebody, get a doctor! → get + someone (get = bring)

= 누가 의사 좀 불러 주세요!

(Wife to husband: 아내가 남편에게)

I'll get the kids from school. → get + someone (get = bring)

= 학교에 가서 아이들 데려올게. → kids는 children보다 비격식적인 뉘앙스의 단어임

Get John something to drink.

= John에게 마실 것 좀 갖다 줘.

→ get (= bring) + someone + **'something'** = Get + John + **'something to drink'**.

(한국어 어순) 마실 + 것 = 수식어 + 피수식어

(영어 어순) something + to drink → 수식어 = 'to verb'

(Having a guest at one's place: 집에서 손님 맞이 중)

Can I get you **anything to eat / to drink**?

= 뭐 먹을 / 마실 것 좀 (갖다) 드릴까요?

→ get (= bring) + someone + **'something'**

(OR) Would you like something to eat / to drink?

5 Get = mark, grade: 점수, 성적을 받다

I got an A in two of my courses this semester. = 이번 학기에 2개 과목에서 A 받았어.

6 Get = 'catch' an illness / 'suffer from' pain: 질병에 걸리다 / 통증을 앓다

More than 20 students got food poisoning. = 스무 명 이상의 학생들이 식중독에 걸렸다.

→ more than + 'number' = (숫자 앞에 사용) ~ 이상의

These days, I often get really bad headaches. = 요즘 자주 아주 심한 두통이 있어요.

= I often suffer from really bad headaches.

7 Get = arrive = 'get to' + noun / 'get' + adverb: 어디에 도착하다 (+ 명사, 부사)

I got to Seoul / the US at 7 pm by car / by plane. → get 'to' + 'noun phrase'

= 나는 차로 서울에 오후 7시에 도착했어. / 나는 비행기로 미국에 오후 7시에 도착했어.

= I arrived **'in'** Seoul / the US at 7 pm by car / by plane. → arrive **'in'** + 'noun phrase'

→ 'in' (prep.) = cities, countries 앞에 사용

I got to the station / the theater / the meeting on time. → get 'to' + 'noun phrase'

= 나는 제 시간에 역 / 극장 / 회의에 도착했다.

= I arrived **'at'** the station / the theater / the meeting on time. → arrive **'at'** + 'noun phrase'

→ 'at' (prep.) = stations, theaters, meetings 앞에 사용

Call me when you get / arrive there. → get / arrive + 'adverb'

= 거기 도착하면 전화해.

What time did you get home last night? = 어젯밤에 몇 시에 집에 왔나?

→ get home → 이 표현의 home은 adverb이므로 'get to home'은 incorrect

8 **Get = 'use' a bus / taxi / train / plane etc.:** 버스 / 택시 / 기차 / 비행기 등을 타다

A How do you get to work?

= 직장에 출근 어떻게 하세요?

B I usually get a bus / a taxi.

= 주로 버스 / 택시 타고 출근해요. → get = use = 이용하다

9 **Get = answer the phone / answer the door:** 전화를 받다 / 문을 열다

(Ring-Ring) Son! Will you get (= pick up) the phone?

= 아들, 전화 좀 받아 줄래?

(Ding-Dong) I'll get (= open) the door!

= 내가 문 열어 줄게.

(비교) 누가 왔는지(문 앞에 있는지) '확인'해 볼게. = I'll 'check' who's at the door.

10 Get = understand something OR someone: 무엇을, 누구를 이해하다

I don't get the joke.

= 농담이 이해가 안 돼.

(After explaining something, asking the listener if s/he has understood the speaker

: 상대방에게 무엇을 설명한 후에 상대방이 화자의 말을 이해했는지 물어보는 상황)

A Do you get it / me?

= (내 설명이, 내가 한 말이) 이해돼?

B I get it / you.

= (너의 설명이, 네가 한 말이) 이해돼.

B I don't get it / you.

= (너의 설명이, 네가 한 말이) 이해가 안 돼.

11 Get = start doing something = 'get + verb-ing': 무엇을 하기 시작하다

I hate to leave now, but I'd better get going or I'll miss my train. → get + verb-ing

= 지금 떠나고 싶지 않지만 가 봐야겠어요. 안 그러면 기차를 놓치겠어요.

→ had better + 'verb' (bare infinitive form) = (강한 권고) stronger than 'should'

(Ch. 1) Dentist: You'd better eat less sugar.

= 앞으로 단것은 적게 드시는 것이 좋겠어요.

12 Get = change of state + 'adjective' OR 'past participle'

: 어떤 상태로 변하다, 어떤 상태에 이르다 + '형용사, 과거분사'와 함께 사용

It's getting late / dark. I should get going now. → get + 'adjective'

= 시간이 늦어지고 있네 / 날이 어두워지고 있네. 이제 가봐야겠어.

→ should = less strong than 'had better'

I'm getting hungry / tired / bored / angry. → get + 'adjective'

= 배가 고파와 / 피곤해지고 있어 / 지루해지고 있어 / 화가 나네.

The days are getting longer. → get + 'adjective' (comparative form)

= (여름이 다가 오는 시점) 해가, 낮이 점점 길어지고 있네.

As I get older, it feels like my tastes also change. → get + 'adjective' (comparative)

= 나이가 들면서 입맛도 변하는 것 같아요.

→ as + 'subject + verb' = ~(subject + verb)하면서

as = (conjunction) while = ~ 하면서, ~ 하는 동안

→ It feels like + 'subject + verb' = ~(subject + verb)처럼 느껴지다

(Parent to child, to get him ready for school: 아이 등교를 위해 준비시키는 부모)

Get dressed quickly. Or you'll be late for school.

= (옷을 입고 있지 않은 상황) 빨리 옷 입어. 안 그럼 학교에 늦을 거야.

Get dressed quickly. Or you'll be late for school.

= (등교에 부적절한 옷을 입고 있는 상황) 빨리 옷 갈아 입어. 안 그럼 학교에 늦을 거야

When I get home, I first wash my hands and get undressed.

= 집에 도착하면 나는 제일 먼저 손을 씻고 옷을 벗는다.

more examples

나는 집에 도착하면 제일 먼저 손을 씻고 옷을 갈아입는다.

= When I get home, I first wash my hands and change my clothes.

When did you get engaged / married / divorced?

= 언제 약혼 / 결혼 / 이혼 했어요?

2 Idioms and proverbs

1 Get the message / Get the picture

Get the message (informal)

= 직접적으로 표현하지 않아도 뜻을 알아채다

= understand something that is not being said directly

Get the picture (informal)

= 상황을 이해하다, 상황파악이 되다

= understand a situation

예 Well, she didn't text me back, so I got the message. She doesn't want to date / see me.

= 문자에 답하지 않더라고. 그래서 알아챘지 뭐. 나랑 만나기 싫은 거지.

→ text someone = ~에게 문자 하다

text someone back = ~의 문자에 문자로 답하다

(Ch. 1) 지금 회의 중이어서 끝나면 다시 전화 드릴께요.

= I'm having a meeting right now. I'll call you back when it's over.

→ back = return

I see. That's why she got angry. Okay, I get the picture.

= 그렇군요. 그래서 그녀가 화가 난 거군요. 알겠어요 무슨 상황인지.

→ the picture = the general situation relating to somebody or something

전반적인 상황 → '사진, 그림'을 의미하는 것이 아님

2 **Get a free ride (informal)**

= 본인의 노력이 아닌, 다른 누군가의 노력으로 무엇을 얻다

= get something without working for it

예 I hate group projects. Somebody always gets a free ride.

= 나는 그룹 과제가 싫어. 누군가는 항상 무임승차를 하거든.

3 **Get there (informal)**

= 무엇을 달성하다, 해내다

= achieve your aim or complete a task

예 I haven't finished the book, but I'm getting there.

= 아직 그 책을 다 읽지는 못했지만 거의 다 읽어가.

→ (present perfect) haven't finished = have not finished

4 **Get on someone's nerves / Get under someone's skin**

= 무엇이, 누군가가 신경을 거슬리게 하다, 누구를 짜증나게 하다

= annoy, irritate, upset someone

예 It really gets on my nerves when a person talks on the phone loudly on the train.

= 기차 안에서 큰 소리로 전화 통화 하는 사람, 정말 짜증나요.

= It really gets under my skin when a person talks on the phone loudly on the train.

5 **Get the hang of something (informal)**

= 어떠한 방법에 대해 알게 되다, 요령을 익히다, 감을 잡다, 이해하게 되다

= succeed in learning how to do something after some practice

예 Knitting can be difficult, but after some practice, you'll get the hang of it.

= 뜨개질 하는 게 어려울 수 있지만 연습 좀 하면 요령을 익힐 거야.

3 Phrasal verbs: get on (...) / get off (...) / get in (...) / get out (of ...)

1 Get on / Get off (the bus, the subway, the train, an airplane)

= (버스, 지하철, 기차, 비행기를) 타다 / (버스, 지하철, 기차, 비행기에서) 내리다

예 I think we got on the wrong bus. = 버스를 잘못 탄 것 같아.

The subway was full of people, so I couldn't get on.

= (타고자 했던 특정) 지하철이 만원이어서 탈 수가 없었어요.

→ be full of ~ = ~으로 가득하다 = have no empty space

(On the subway: 지하철 안에서)

This is me. (= This is my stop.) I'm getting off here.

= 여기가 제 정거장이에요. 저는 여기서 내려요.

2 Get in (a car, a taxi, a truck, a van) / Get out (of a car, of a taxi, of a truck, of a van)

= (차, 택시, 트럭, 밴에) 타다 / (차, 택시, 트럭, 밴에서) 내리다

예 It was pouring, so all the cabs were taken. Then after about an hour, I was able to get in one.

= 비가 엄청 쏟아져서 빈 택시가 없었어. 약 1시간 후에야 택시를 탈 수 있었어.

→ one = a cab

(In a crowded parking lot: 혼잡한 주차장에서 운전석의 누나가 조수석의 동생에게)

Hey, do me a favor. Get out of the car and save me a parking spot.

= 부탁 하나 하자. 차에서 내려서 주차할 공간 좀 확보해 줘.

→ save + somebody + something

(Ch. 3) (친구에게) Can you do me a favor, by the way? = 근데 부탁 하나 들어줄 수 있어?

4 Register and Nuance: marry vs. get married (and) get a chance

1 Register: Marry vs. Get married

우리 다음 달에 결혼해요.

= We're going to marry next month.

(vs) We're going to get married next month.

→ 'get married': more common in conversational English

우리 지난달에 이혼했어요.

= We divorced last month.

(vs) We got divorced last month.

→ 'get divorced': more common in conversational English

저는 옷을 빨리 입어요.

= I dress quickly.

(vs) I get dressed quickly.

→ 'get dressed': more common in conversational English

2 Nuance: Get a chance

get a chance (to do something)

= have an opportunity to do something = ~할 기회를 얻다, ~할 시간이 되다

→ more polite, more considerate nuance

(Texting a friend who's not answering the phone: 전화를 받지 않는 친구에게 문자로)

Give me a call back. = 전화 줘.

(vs) Give me a call back when you get a chance. = 기회, 시간 될 때 전화 줘.

→ more polite, more considerate

(To a coworker: 동료에게)

Did you go over the proposal? = 그 제안서 검토했어요?

→ go over something = (phrasal verb) examine or check something carefully

~을 자세히 검토하다, 점검하다

(vs) Did you get a chance to go over the proposal?

= 그 제안서 검토할 기회, 시간을 가졌어요? = 그 제안서 혹시 검토해 봤어요?

→ more polite, more considerate[2]

5 Breaking words into parts: prefixes (anti- / pro- / sub-)

[anti- / pro- / sub-] + base word = against / supporting / under

anti- + war (noun 전쟁) = anti-war (adjective 전쟁을 반대하는)

pro- + abortion (noun 낙태) = pro-abortion (adjective 낙태를 찬성하는)

sub- + way (noun 길) = subway (noun 지하철)

예 A lot of criminals are antisocial.

= 많은 범죄자들은 반사회적이다.

I'm anti-abortion / I'm pro-abortion.

= 저는 낙태 반대자입니다 / 낙태 찬성자입니다.

2 get a chance 표현이 없다고 해서 rude한 뉘앙스를 주지는 않는다. 하지만 get a chance의 표현은 화자가 상대방의 시간을 존중하고 배려한다는 뉘앙스가 내포되어 있다.

6 Confusing aspects of English: wake up vs. get up

wake up과 get up은 한국어로 '(잠을 자고) 일어나다'로 번역 가능하지만 기본적인 개념에는 의미 차이가 존재한다.

Wake up vs. Get up

wake up = stop sleeping and be alert
잠에서 깨어나다

(vs) **get up** = get out of bed, usually to start your day
주로 하루를 시작하기 위해 잠자리에서 벗어나다

예 When I wake up, I get up immediately.
= 나는 잠에서 깨면 바로 침대로부터 벗어난다, 일어나서 활동을 시작한다.
→ get up = get out of bed

I usually wake up at 6 am, but I don't get up until around 7 am. I like reading in bed before I start my day.
= 저는 보통 오전 6시에 깨지만 7시 정도까지는 침대에서 벗어나지 않아요, 일어나서 활동을 하지 않아요. 하루를 시작하기 전에 침대에서 책 읽는 것을 좋아하거든요.
→ don't get up = don't get out of bed

1 Fluency developments with dialogs

1 상황) 인근의 주차장으로 차를 가지러 가면서 남편이 아내에게

A 차 가져올 동안 여기서 기다려 여보.

= Honey, wait[3] here while I get / bring the car.

→ while = (conjunction) ~ 하는 동안 → while + 'subject + verb'

B OK.

응.

2 상황) 친구들이 가게 밖에서 가게 안의 카메라를 가리키며

A Look at that camera over there!

저기 저 카메라 좀 봐!

B Let's go inside and check it out!

안에 들어가서 한번 살펴보자!

→ check something out

= (informal) look at or examine something that seems interesting

흥미로워 보이는 것을 자세히 보다, 살펴보다

A 잠깐만, 배고프려고 해. 우리 먼저 먹는 게 어때?

= Wait, I'm getting hungry. Why don't we eat first?

B Sure.

그래.

3 동사로 시작되는 명령형의 형태이지만 상황은 부부 간의 대화이므로 명령하는 어조가 아니다.

3 상황) 카페에서 커피를 주문하는 상황

A 무엇을 주문하시겠어요?

= What can I get you?

→ get + someone + something = 누구에게 무엇을 가져가다 → get = bring

What can I get you? 대신에 What can I do for you?도 가능

(Ch. 1) (약사가 손님에게) What can I do for you today?

= 무엇을 도와드릴까요?

B 저지방 우유가 들어간 따뜻한 라떼 한 잔 주세요.

= Can I get a hot latte with low-fat milk, please?

→ the preposition, 'with'

(Ch. 1) During this time, I also enjoy having black tea with honey.

= 이 시간에는 꿀을 넣은 홍차를 즐겨 마셔요.

A Sure. What size do you want?

네. 사이즈는 어떤 걸로 하시겠어요?

B I'll have a tall, please.

톨 사이즈로 할게요. → tall은 tall size를 의미

B 샷도 하나 추가해 주실래요?

= Can I also get an extra shot?

2 Fluency developments in sentences

1 우리 집은 햇빛이 잘 들어요.

= My place gets a lot of sunshine.

2 어젯밤에 몇 시에 집에 왔니?

= What time did you get home last night?

3 이제 상황이 이해돼?

= Do you get the picture now?

4 (전화를 받지 않아 문자로) 시간 될 때 전화 줘.

= Give me a call back when you get a chance.

5 이제 곧 여름이네.

= Summer is just around the corner. = Summer is coming.

CHAPTER 8

The Theme

Feelings and Emotions

Variety: sick vs. ill

영어는 다양한 국가에서 사용되는 언어로 국가별 단어 사용이 달라진다.
예를 들어 I can't go to work today. I don't feel good의 문장을
좀 더 간단히 표현한다면
미국식 영어에서는 sick을 사용하는 경향이 강하여
I can't go to work today. I'm sick으로
영국식 영어에서는 ill을 사용하는 경향이 강하여
I can't go to work today. I'm ill로 표현되는 경향이 있다.

1 Meaning-focused task: Listen to OR read the story

This morning, I got up very early, and the weather was nice. I felt great. The nice weather always puts me in a good mood. Thinking of what to wear to work, my new dress came to mind. So, I decided to wear it with my mint green low heel sandals. They seemed to go together well. Walking to my company, I felt so confident. I entered the lobby, but just after a few steps, I suddenly slipped and fell very hard. Everyone in the lobby was looking at me. I felt so embarrassed. My new dress was ripped here and there, and I couldn't get up. My bottom and lower back were hurting a lot. The security guard called an ambulance and I was taken to the hospital. Today turned out to be such a bad day.

Q1 Did I start my day in a good mood or in a bad mood[1]?

저는 오늘 하루를 기분 좋게 시작을 했나요 아니면 언짢은 기분으로 시작을 했나요?

You started your day in a good mood.

기분 좋게 시작을 했어요.

Q2 What kind of clothes and shoes did I wear to work?

저는 어떤 종류의 옷과 구두를 신고 출근을 했나요?

You wore your new dress and mint green low heel sandals.

새로 산 원피스와 민트 그린 색상의 낮은 굽의 샌들을 신었어요.

Q3 Was I able to move after I fell down in the lobby?

제가 로비에서 넘어진 후에 움직일 수 있었나요?

No, you couldn't get up.

아니오, (넘어진 후에) 못 일어났어요.

1 be in a good mood = 기분이 좋다 = feel happy, pleasant, or friendly / be in a bad mood = 기분이 언짢다 = feel unhappy or angry

2 Language-focused task: Translate the Korean into English

1 오늘 아침에 굉장히 일찍 일어났는데 날씨가 좋았어요.

= This morning, I got up very early, and the weather was nice.

→ get up = get out of bed

2 기분이 너무 좋았어요. 날씨가 좋으면 항상 기분이 좋아져요.

= I felt great. The nice weather always puts me in a good mood.

→ put someone in a good mood = ~를 기분 좋게 하다

= make someone feel pleasant or cheerful

3 회사에 뭘 입고 갈까 생각하다가 새로 산 원피스가 떠올랐어요.

= Thinking of what to wear to work, my new dress came to mind.

= .... I thought of my new dress.

→ Thinking of what to wear to work, my new dress came to mind.

= 새로 산 원피스가 떠올랐어요.

(Ch. 3) When you look at this picture, what comes to mind?

= 이 사진을 보면 뭐가 떠오르세요?

reducing adverbial clauses of time

verb-ing로 시작하는 구문은 conjunction(접속사) + subject + be + verb-ing (진행형) 구문의 'conjunction + subject + be'가 생략된 구문일 수 있다. 즉 'conjunction + subject + be'의 의미를 생략해도 해당 의미가 전달 가능할 때 verb-ing의 축약된 형태로 사용 가능하다.

Thinking of what to wear to work, my new dress came to mind.

= 회사에 뭘 입고 갈까 생각하다가 새로 산 원피스가 떠올랐어요.

→ **verb-ing**

= (As / while / when I was) thinking of what to wear to work, my new dress came to mind.

→ **접속사 (as / while / when) + subject + be + verb-ing**

4 그래서 그 원피스랑 민트 그린 색의 굽이 낮은 샌들을 신기로 했어요.

= So, I decided to wear it with my mint green low heel sandals.

→ it = 앞 문장의 my new dress

5 잘 어울리는 것 같았어요.

= They seemed to go together well.

→ they = 앞 문장의 my new dress and mint green low heel sandals

words and grammatical structures: the verb, 'seem'

They seemed to go together well. → **seem** + **to 'verb'** = ~ (verb)인 것 같다

+ go together = (phrasal verb) be suited to or appropriate for each other = 서로에게 잘 어울리다

(vs) **seem** + **'adjective'** = ~(adjective)인 것 같다

(Ch. 6) You seem a bit down today. = 너 오늘 좀 우울해 보인다.

(Ch. 7) It doesn't seem that chilly these days. = 요즘 그렇게 안 추운 것 같아.

6 회사로 걸어가면서 자신감이 느껴졌어요.

= Walking to my company, I felt so confident.

reducing adverbial clauses of time

verb-ing로 시작하는 구문은 conjunction(접속사) + subject + be + verb-ing (진행형) 구문의 'conjunction + subject + be'가 생략된 구문일 수 있다. 즉 'conjunction + subject + be'의 의미를 생략해도 해당 의미가 전달 가능할 때 verb-ing의 축약된 형태로 사용 가능하다.

Walking to my company, I felt so confident.
= (As / while / when I was) walking to my company, I felt so confident.

7 회사 로비에 들어섰는데 몇 걸음도 못 가서 갑자기 미끄러져 크게 넘어졌어요.

= I entered the lobby, but just after a few steps, I suddenly slipped and fell very hard.

8 로비에 있던 모든 사람들이 저를 쳐다보고 있었어요. 너무 민망했어요.

= Everyone in the lobby was looking at me. I felt so embarrassed.

word order differences between Korean and English

(한국어 어순) 로비에 있던 (수식어) + 모든 사람들 (피수식어)
(영어 어순) everyone (피수식어) + in the lobby (수식어)
→ 수식어는 'prepositional phrase(전치사구)'의 형태

9 새로 산 원피스는 여기 저기 찢어져 있었고 저는 일어날 수가 없었어요.

= My new dress was ripped here and there, and I couldn't get up.

→ ripped = (adjective) badly torn = 옷 등이 심하게 찢어진

→ get up = (phrasal verb) stand up after sitting, lying, etc.
앉거나 누워 있는 자세에서 일어서다

(vs) get up = (phrasal verb) get out of bed

(Ch. 2) This morning, I woke up at 6. But I didn't get up until around 30 minutes later.

= 오늘 아침 저는 6시에 깨었어요. 하지만 30분 정도 지나서야 일어났어요.

→ here and there은 시간상의 개념으로도 사용 가능

예 I continued to work straight till 6pm. Of course, I had some light snacks here and there. = 6시까지 계속해서 일을 했어요. 물론 중간 중간 가벼운 간식도 좀 먹었어요.

→ here and there = from time to time = sometimes but not regularly = 가끔

10 엉덩이랑 허리가 너무 아팠거든요.

= My bottom and lower back were hurting a lot.

11 경비원 아저씨께서 구급차를 부르셨고 저는 병원으로 실려갔어요.

= The security guard called an ambulance and I was taken to the hospital.

→ I was taken to the hospital = be + past participle → passive voice
= 내가 병원으로 실려가다

12 오늘은 정말 안 좋은 하루였어요.

= Today turned out to be such a bad day.

→ turn out to be ~ = (phrasal verb) ~인 것으로 드러나다, 밝혀지다

+ such a bad day = such + 'noun phrase' = such 뒤의 명사구를 강조할 때 사용

Today turned out to be such a bad day.

= 오늘은 정말 안 좋은 하루였어요.

(OR) Today turned out to be a horrible day.

= 오늘은 끔찍한 하루였어요.

→ 좀 더 강한 어조로 표현을 하고 싶다면 horrible 단어 사용 가능

1 Theme study: feelings and emotions

words and grammatical structures: verbs with 'adjectives of feelings and emotions'

'**be-verb**, **get**, **feel**, **look**, **sound**, **seem**, etc.'
+ (very = so, pretty, quite, really) + '**adjective**'

1 Happy: 행복한, 기쁜

glad (기쁜 = pleased, happy) / excited (신이 나는, 기대가 되는 = happy and enthusiastic) / thrilled (매우 신이 난 = very excited and pleased) / delighted (매우 기쁜, 즐거운 = very pleased) / ecstatic (열광하는 = very happy, excited, and enthusiastic)

예 I was happy / glad / excited / thrilled / delighted / ecstatic when I got promoted.
= 나는 승진을 했을 때 (너무) 기뻤다, 신났다. → get promoted = 승진하다

I was super excited when I got promoted. = 나는 승진 했을 때 굉장히 신이 났었다.
→ super (adverb; informal) = very, extremely

I'm excited for (OR about) / thrilled for (OR about) / ecstatic for (OR about) tonight's soccer game.
= 오늘 밤 축구 경기 볼 생각에 (너무) 신나.

2 Surprised: 놀란

astonished (크게 놀란 = very surprised) / stunned (크게 놀란 = very surprised or shocked) / amazed (크게 놀란 = very surprised) / impressed (깊은 인상을 받은, 감명받은)

예 I was surprised / astonished / stunned / amazed when I got 100% on / in my exam.

= 나는 시험에서 100점을 받았을 때 (매우) 놀랐다.

I was amazed at / by his depth of knowledge.

= 나는 그의 깊은 지식에 매우 놀랐다.

I was impressed by his near-native Korean competence.

= 나는 그의 원어민에 가까운 한국어 실력에 깊은 인상을 받았다.

3 **Sad, unhappy:** 슬픈

down (informal: 우울한 = sad or depressed) / blue (informal: 우울한 = sad or depressed) / depressed (우울한, 암울한 = very sad and without hope) / upset (속상한, 마음이 상한, 언짢은, 실망한 = unhappy or disappointed) / disappointed (실망한) / heartbroken (비통한 = extremely sad) / devastated (헤어나오기 어려울 정도의 충격적인, 망연자실한 = extremely upset and shocked)

예 I'm feeling kind of down / blue today.

= 오늘 좀 우울하네.

(Ch. 7) Well, you're kind of right.

= 네 말이 좀 맞긴 해.

I got upset / disappointed when my team lost the game.

= 내 팀 (또는) 내가 응원한 팀이 져서 속상했다 / 실망했다.

After his death, she became very depressed / heart-broken / devastated.

= 그의 죽음 이후 그녀는 굉장히 우울해졌다 / 비통해졌다 / 망연자실하였다.

4 Angry: 화가 나는

annoyed (짜증이 나는 = slightly angry) / irritated (짜증이 나는 = annoyed) / frustrated (무언가 내 뜻대로 되지 않아) 짜증난, 답답한 / awful (informal: 기분이 너무 안 좋은 = extremely unpleasant)

예 I'm so angry at (OR with) / mad at (OR with) myself. How did I make such a mistake?

= 내 자신한테 너무 화가 나. 내가 어떻게 그런 실수를 했지?

The printer is not working again. I'm so annoyed / irritated / frustrated.

= 프린터가 또 작동을 안 하네. 완전 짜증나.

→ work = (verb) function or operate = 기계 등이 작동되다, 기능하다

I missed my exam. I was mistaken about the date. I feel so awful.

= 시험을 놓쳤어. 시험 날짜를 잘못 알고 있었어. 기분이 너무 안 좋아.

→ mistaken = (adjective) wrong in your opinion or judgment = 잘못 알거나 판단하고 있는

awful = (adjective) extremely bad or unpleasant = 끔찍한

5 Worried: 걱정, 우려하는

nervous (초조한, 불안한 = anxious) / uneasy (우려되는, 불안한 = worried or anxious) / anxious (염려하는, 불안해하는 = worried or nervous) / stressed (스트레스를 받는) / stressed out (informal: 스트레스를 받는)

예 (부부가 자녀들을 두고 하루 집을 떠나 있어야 하는 상황)

I feel worried / nervous / uneasy / anxious about leaving the children at home by themselves.

= 집에 아이들만 두고 가려니 걱정된다, 불안하다, 염려된다.

→ by oneself = alone, without anyone else = 혼자

verb-ing OR gerunds used as objects of prepositions

전치사(preposition)는 뒤에 명사(noun) 또는 동명사(verb-ing OR gerund)를 취하며 이 때 명사, 동명사는 전치사의 목적어(object)가 된다.

I feel worried about leaving the children at home by themselves.

→ about (prep.) + verb-ing

= '아이들만 남겨 두고 가는 것'이 걱정된다

(NOT)

I feel worried about leave the children at home by themselves.

→ about (prep.) + verb (basic verb form)

= '아이들만 남겨두고 가다'가 걱정된다

I have to pass the exam this time for sure. Thinking about it, I get really stressed (out).

= 이번에는 꼭 시험에 합격해야 되는데. 이걸 생각하면 스트레스가 너무 심해져.

→ Thinking about it = When I think about it

it = the fact that I have to pass the exam this time for sure

reducing adverbial clauses of time

verb-ing로 시작하는 구문은 conjunction(접속사) + subject + verb 구문의 축약된 형태일 수 있다. 즉 'conjunction + subject + verb'의 의미를 생략해도 해당 의미가 전달 가능할 때 verb-ing의 축약된 형태로 사용 가능하다.

I have to pass the exam this time for sure.

When I think about it, I get really stressed (out). → when + 'subject + verb'

= Thinking about it, I get really stressed (out). → verb-ing using 'relative pronouns' to make two sentences into one

두 문장을 한 문장으로 표현하고자 할 때 relative pronoun(관계대명사)을 사용할 수 있다.

I have to pass the exam this time for sure. Thinking about it, I get really stressed (out).

= 이번에는 꼭 시험에 합격해야 되는데. 이걸 생각하면 스트레스가 너무 심해져.

= I have to pass the exam this time for sure, which makes me really stressed (out).

= 이번에 꼭 시험에 합격해야 한다는 사실이 너무 스트레스가 돼.

→ , which (relative pronoun) = 앞의 '절(clause[2])' 전체

= (the fact that) I have to pass the exam this time for sure

6 **Afraid:** 겁내는, 무서워하는

scared (겁먹은, 무서워하는 = frightened or afraid) / frightened (겁먹은, 무서워하는 = afraid or feeling fear) / terrified (매우 겁먹은, 매우 무서워하는 = very frightened)

예 I'm afraid of / scared of / frightened of / terrified of mice.

= 저는 쥐가 (너무) 무서워요.

A 고소 공포증 있어요?

= Are you afraid of heights?

B 네, (고소 공포증) 있어요.

= Yes, I am. = Yes, I'm afraid of heights.

B 아니요, (고소 공포증) 없어요.

= No, I'm not. = No, I'm not afraid of heights.

2 '절(clause)'이란 주어, 동사가 포함된 문장의 단위를 '절'이라 부른다.

7 Ashamed vs. embarrassed

Ashamed = 나 또는 주변인이 사회적, 도덕적으로 잘못된 행동을 했을 때 부끄러워하는 또는 잘못된 행동은 아니지만 어떤 상황에 대해 부끄럽거나 창피한 마음이 들 때 사용

→ 예 본인의 나이, 경험상 특정 내용을 알아야 하는데 모른다는 사실을 인지했을 때

(vs) embarrassed = 다른 사람들 앞에서 내가 또는 주변인이 실수를 하거나 바보같이 느껴지는 행동을 우연히 했을 때 느껴지는 당황스러움, 민망함 또는 창피스러운 감정

→ 예 다른 사람들 앞에서 크게 넘어졌을 때

예 You should be ashamed of yourself.

= (당신이 한 행동, 말에 대해) 부끄러운 줄 아세요.

I get so embarrassed whenever you burp out loud in front of other people.

= 당신이 사람들 앞에서 큰 소리로 트림할 때마다 너무 창피스러워.

→ whenever + 'subject + verb' = ~ 할 때마다 → whenever = '접속사'

out loud = in a voice that can be heard by other people

다른 사람이 들을 수 있게 소리 내어

8 Tired: 피곤한

sleepy (졸리는 = tired and needing sleep) / drowsy (졸리는 = tired and wanting to sleep) / doze off (informal; phrasal verb: 졸다 = go to sleep, especially during the day) / drained (informal; 매우 지친, 기진맥진한 = very tired and without energy) / wiped out (informal; 녹초가 된, 기진맥진한 = extremely tired) / worn out (매우 지친 = extremely tired) / exhausted (매우 피곤한, 기진맥진한 = extremely tired)

예 For some reason, wine makes me feel sleepy / drowsy.

= 무슨 이유인지는 모르겠는데, 나는 와인 마시면 졸려.

= For some reason, wine makes me doze off. → make + someone + 'verb'

I worked all day long today. I'm so drained / wiped out / worn out / exhausted.

= 오늘 하루 종일 일했더니, 기진맥진하다 / 녹초가 됐다.

9 Sick: 아픈, 토할 것 같은

vomit (verb: 토하다), throw up (informal; phrasal verb: 토하다) / nauseous (메스꺼운) / dizzy (어지러운) / sore (아픈, 따가운) / have a sore throat (phrase: 목이 아프다) / have a stuffy (= stuffed up) nose (phrase: 코가 막히다) / have a runny nose (phrase: 콧물이 나다) / have the shivers (phrase: 오한이 나다) / lose one's appetite (phrase: 식욕, 입맛이 없다) / hurt (verb: 아프다)

예 I was sick yesterday, so I called in sick and took the day off.

= 어제 아파서 회사에 병가 낸다고 전화하고 하루 쉬었어.

→ call in sick 표현에 call(전화하다)의 단어가 있어서 반드시 전화로 병가를 내야 하는 것은 아님. 이메일, 문자 등의 방법으로 병가를 내도 call in sick의 표현 사용 가능

A I feel sick[3]. = I feel like I'm going to throw up / vomit. = 나 토할 것 같아.

B I told you so. (= I warned you.) You were eating too much.

= (토할 거라고) 말했잖아. 아까 너무 많이 먹더라.

→ feel like + 'subject + verb' = ~(subject + verb)처럼 느껴지다

(Ch. 3) I feel like I'm getting drunk. I should stop.

= 취기가 도는 것 같아. 그만 마셔야 되겠어.

3 feel sick은 feel unwell (몸이 안 좋다, 아프다)의 일반적인 의미도 있으므로 상황에 따른 적절한 사용 및 해석이 필요함.

One day, I felt really dizzy and couldn't walk, so I called 119 for the first time in my life.

= 어느 날 너무 어지러워서 걸을 수가 없었어. 그래서 내 인생 처음으로 119를 불렀어.

→ for the first time = 처음으로

I have (a bit of) a stuffy (OR a stuffed up) nose / a runny nose and my throat is (a bit) sore. I might be getting sick.

= 코가 (좀) 막히고 / 콧물이 (좀) 나고 목이 (좀) 아파. 곧 아플 지도 모르겠다.

My head / stomach / throat hurts (a bit).

= 머리가 / 배가 / 목이 (좀) 아파.

= I have / I've got (a bit of) a headache / a stomachache / a sore throat.

For some reason, I'm losing my appetite these days.

= 왜 그런지 모르겠는데 요즘 식욕, 입맛이 없어.

(Doctor to patient: 진료실에서 의사가 환자에게)

A 어떻게 오셨어요?

= What brings you here today? → (직역) 무엇이 당신을 여기로 데려왔나요?

= What can I do for you today?

= How can I help you today?

= What seems to be the problem? → (직역) 무엇이 문제인 것 같나요?

= What are you here for? → (직역) 무엇 때문에 여기에 있습니까?

B 속이 좀 메스껍고 오한이 나요.

= I feel slightly nauseous, and I have the shivers.

2 Idioms and proverbs

1 **Walk on air (OR) Be on cloud nine (informal) (OR) Be over the moon (informal) (OR) Be on top of the world**

= 너무 기쁘다 = feel extremely happy

예 I was walking on air / was on cloud nine / was over the moon / was on top of the world when I found out I got the job! = 내가 취직했다는 걸 알았을 때 너무 기뻤어.

→ find out + (that) 'subject + verb' = ~ (subject + verb)임을 알게 되다

2 **Be bummed out (about something) (informal)**

= 실망하다, 상심하다, 낙담하다 = feel sad or disappointed

예 The famous restaurant was booked for the entire month.
I'm pretty (= very) bummed out (about it).
= 그 유명 맛집이 이번 달 예약이 꽉 찼대. 엄청 실망이야.

3 **Get butterflies in one's stomach (OR) Have butterflies in one's stomach**

= 무엇을 하기 전에 긴장이 되어 가슴이 벌렁거리다, 두근거리다
= have a nervous feeling in one's stomach before doing something

예 I always get / have butterflies in my stomach whenever I give a presentation.
= 나는 발표 할 때마다 긴장이 돼서 가슴이 벌렁거려.

→ whenever + 'subject + verb' = ~ 할 때마다 → whenever = 'conjunction(접속사)'
(Ch. 8) I get so embarrassed whenever you burp out loud in front of other people.

4 Be fed up (with someone / something) (informal)
(OR) Be sick and tired (of someone / something)

= (사람이 / 무엇이) 지긋지긋하다, 진저리가 난다

= be irritated or tired when an unpleasant situation continues for too long

→ sick / tired = (informal) 질리는, 진저리가 나는 → 'not physically' sick or tired

(NOT) 몸이 아픈, 피곤한

예 I'm fed up with / sick and tired of my boss. He's overly demanding, and he even yells at me. = 난 내 상사에게 질렸어. 지나치게 요구하고 심지어는 소리도 질러.

→ overly = (adverb) 과하게, 지나치게 = to an excessive degree

demanding = (adjective) 요구가 많은 = expecting a lot of work from others

5 Have mixed feelings (about someone / something)

= (사람 / 무엇에 대해) 기분이 복잡하다, 착잡하다, 미묘하다

= experience positive and negative emotions at the same time

예 I have mixed feelings about moving to another city. I'm excited that I have a job now, but at the same time, I feel sad about leaving my family.

= 타지로 가는 게 기분이 좀 착잡하네. 취직을 한 건 신나지만 동시에 가족을 떠나야 해서 슬퍼.

→ be excited + that 'subject + verb' = ~ 해서 신나다 / at the same time = 동시에

verb-ing OR gerunds used as objects of prepositions

전치사(preposition)는 뒤에 명사(noun) 또는 동명사(verb-ing OR gerund)를 취하며 이 때 명사, 동명사는 전치사의 목적어(object)가 된다.

I have mixed feelings about moving to another city. ... I feel sad about leaving my family. → about (prep.) + verb-ing

(NOT) I have mixed feelings about move to another city. .... I feel sad about leave my family. → about (prep.) + verb

3 Phrasal verbs: crack (...) up / loosen up / lighten up / let someone down

1 Crack up (OR) Crack ... up

= 갑자기 큰 웃음을 터트리다 (OR) 누군가를 갑자기 크게 웃게 하다

예 John is so funny / hilarious. I always crack up.

= He always cracks me up.

= John은 너무 웃겨서 항상 나를 빵 터지게 해. → hilarious = extremely funny

2 Loosen up[4] / Lighten up

= 긴장 풀어, 마음 편히 가져 / 심각하게 받아 들이지 마

예 (면접을 앞두고 상대방이 너무 스트레스를 받고 있거나 긴장한 상황)

Hey, don't be so nervous. Loosen up (= Relax). You'll do well on the interview.

= 너무 긴장하지 마. 긴장 풀어, 마음 편히 가져. 인터뷰 잘 해낼 수 있을 거야.

→ do well on the interview

(Ch. 3) How do you feel about the exam? Did you do well?

= 시험 어땠어요? 잘 봤어요?

(농담을 했는데 상대방이 기분 나빠하거나 감정이 상한 듯한 상황)

Hey, I was just joking. Lighten up. (= Don't take it seriously. = Relax. = Chill (out).)

= 그냥 농담이었어. 심각하게 받아들이지 마.

4 loosen up은 '스트레칭 등을 하여 몸의 근육을 풀어주다'의 신체적인 의미가 있지만 정신적, 감정적인 면에서도 '긴장을 풀다'의 의미로 사용된다.

3 Let someone down

= 누군가를 실망시키다 (= disappoint someone)

예 (저녁 식사를 같이 하기로 했는데 약속을 지키지 못한 상황)

Sorry. I couldn't go to dinner. Something came up. I'm sorry that I let you down.

= 미안, 저녁 식사에 못 가서. 갑자기 일이 생겼어. 실망시켜서 미안해.

→ come up = (phrasal verb) happen, usually unexpectedly

어떤 일이 주로 예상치 못하게 발생하다

4 Variety: sick vs. ill

'몸이 안 좋다, 아프다(unwell)'의 의미를 표현할 때 아래의 예시 문장처럼 표현 가능하지만 다르게 표현을 한다면 미국식 영어에서는 sick을, 영국식 영어에서는 ill을 사용하는 경향이 있다.

American vs. British English

저 오늘 출근 못해요. 몸이 좀 안 좋아서요.

= I can't go to work today. I don't feel good. = I don't feel well.

American English: I can't go to work today. I'm sick.

(vs) **British English**: I can't go to work today. I'm ill.

5 Breaking words into parts: suffixes (-ed / -ing)

base word + [-ed / -ing] = adjective marker / adjective marker

interest (verb 누구의 관심, 흥미를 끌다) + -ed = interested (adjective 관심, 흥미가 있는)

interest (verb 누구의 관심, 흥미를 끌다) + -ing = interesting (adjective 흥미로운)

예 Tonight's soccer game will be interesting.

= 오늘밤의 축구 경기는 흥미로울 거야.

I'm interested in tonight's soccer game.

= 나는 오늘밤의 축구 경기에 관심, 흥미가 있어. → be interested in something

The movie was extremely disappointing.

= 그 영화는 너무 실망스러웠다.

I'm extremely disappointed with (OR about OR at) the movie.

= 나는 그 영화에 너무 실망했다.

6 Confusing aspects of English: interesting vs. interested

–ing 또는 –ed와 같은 접미사(suffix)로 끝나는 형용사들이 영어에는 매우 많이 존재하는데 의미는 동일할 수 있지만 문장에서의 사용 용법은 다르다.

1 Adjectives ending with '–ing': 주어 자리에 [사물 / 것] 이 위치

Adjectives ending with '–ed': 주어 자리에 [사람] 이 위치

예 [Tonight's soccer game] will be interesting. = [오늘밤의 축구 경기는] 흥미로울 거야.

(vs) [I'm] interested in tonight's soccer game. = [나는] 오늘밤의 축구 경기에 관심, 흥미가 있어.

[The movie] was extremely disappointing.

= [그 영화는] 너무 실망스러웠다.

(vs) [I'm] extremely disappointed with / about / at the movie.

= [나는] 그 영화에 너무 실망했어.

more examples

[The news] was very surprising.

= [그 뉴스는] 매우 놀라웠다.

[I] was very surprised at / by the news.

= [나는] 그 뉴스에 매우 놀랐다.

2 Adjectives ending with '-ing'

: 주어 자리에 [사람] 도 가능 = 다른 사람을 ~ 하게 하다

예 [I'm] bored.

= 나 지루해. → '내가 지루함을 느낀다'의 의미

(vs) [I'm] boring.

= 나는 다른 사람들을 지루하게 해. → '나는 재미없는 사람이다'의 의미

Other adjectives ending with '-ed' vs. '-ing'

confused vs. confusing / excited vs. exciting / thrilled vs. thrilling / astonished vs. astonishing / stunned vs. stunning / amazed vs. amazing / depressed vs. depressing / heart-broken vs. heart-breaking / devastated vs. devastating / annoyed vs. annoying / irritated vs. irritating / frustrated vs. frustrating / frightened vs. frightening / terrified vs. terrifying / embarrassed vs. embarrassing / tired vs. tiring / exhausted vs. exhausting

1 Fluency developments with dialogs

1 상황) 약속 장소에 항상 늦는 친구에게

A Are you okay? You look a little angry.

너 괜찮아? 좀 화나 보이네

B You're late again.

너 또 늦었네.

A Sorry, something came up.

미안. 갑자기 일이 생겨서.

B 항상 같은 핑계지. (너의 핑계들이) 질린다 진짜.

= Well, the same excuse, all the time. I'm fed up with your excuses.

= I'm sick and tired of your excuses.

2 상황) 평소와 달라 보이는 동료에게

A Are you okay? You don't seem yourself today.

괜찮아? 오늘 평소랑 좀 달라 보이는데. (예를 들어, 에너지가 평소보다 없어 보이네.)

→ not seem yourself

= (informal) not feel or behave as you usually do, for example, because you're upset or sick = 기분이 안 좋거나 몸이 안 좋아서 평소와 같지 않다

B 응, 맞아. 몸이 좀 안 좋네.

= Yeah, I'm not feeling good. = Yeah, I'm not feeling well.

→ Yeah, you're right. I'm not feeling good / well.

3 상황) 남자 친구와 헤어져서 슬픈 친구에게

A What's wrong? You seem a little sad.

무슨 안 좋은 일 있어? 좀 슬퍼 보이는데.

B 응. 좀 우울해. 얼마 전에 (= 최근에) 남자 친구랑 헤어졌거든.

= Yeah, I'm feeling kind of blue. I recently broke up with my boyfriend.

A Oh, I'm sorry to hear that. Let me cheer you up. Let's go shopping.

이런 안됐네. 내가 기분 좋게 해 줄게. 나랑 쇼핑 가자.

→ (Ch. 1) (약사가 손님에게) I'm sorry to hear that. Are you coughing and sneezing?

= 힘드시겠네요. 기침도 하고 재채기도 하나요?

→ cheer somebody up = (phrasal verb) make somebody more cheerful

~를 기분 좋게 해 주다

Let me cheer you up. = 기분 좋게 해 줄게.

(Ch. 3) Let me check how I look one last time!

= 마지막으로 내 모습 한 번만 더 확인하게 해줘!

(Ch. 7) Let me give you a hand. = Let me help you.

= 제가 도와 드릴께요.

B Okay, that sounds good.

그래, 좋은 생각이네.

→ (That) sounds good. = 상대방의 아이디어, 제안 등에 동의 시 사용

2 Fluency developments in sentences

1 날씨가 좋으면 기분이 좋아져요.

= The nice weather puts me in a good mood.

(OR) The nice weather lightens my mood.

(OR) The nice weather cheers me up.

2 엉덩이랑 허리가 너무 아파요. (현재 시점에 진행 중인 상황)

= My bottom and lower back are hurting a lot.

3 토할 것 같아.

= I feel sick[5]. = I feel like I'm going to throw up / vomit.

4 프린터가 또 작동을 안 하네. 완전 짜증나.

= The printer is not working again. I'm so annoyed / irritated / frustrated.

5 무슨 이유인지는 모르겠는데 나는 와인 마시면 졸려.

= For some reason, wine makes me feel sleepy / drowsy.

= ………………………… wine makes me doze off.

5 feel sick은 feel unwell (몸이 안 좋다, 아프다)의 일반적인 의미도 있으므로 상황을 고려하여 뜻을 이해하고 적절히 사용하는 것이 필요하다.

CHAPTER 9

The Theme

Appearance and Character

Nuance: fat vs. large OR heavy (and) skinny vs. slim OR slender

모든 언어가 그렇듯이 영어에서도 대부분의 단어는 중립적인 뉘앙스를 지니지만
일부는 정중한 뉘앙스 또는 긍정적인 뉘앙스로,
일부는 부정적인 뉘앙스로 전달되는 단어들이 있다.
예를 들어 상대방의 신체를 묘사할 때 fat은 정중하지 못한 뉘앙스의 단어로
large 또는 heavy를 사용하는 것이 더 적절하며
skinny 역시 일반적인 관점에서는 부정적인 뉘앙스로 전달될 수 있으므로
긍정적인 뉘앙스의 slim 또는 slender가 더 적절한 단어 사용이 된다.
따라서 언어를 정확하게 사용하는 것도 의사소통에 있어 중요하지만
단어의 뉘앙스적인 차이를 이해하여 적절하게 언어를 사용하는 것도 매우 중요하다.

1 Meaning-focused task: Listen to OR read the story

There is this guy at work that I have a crush on. He's about 175 centimeters tall and slim. He has dark brown, long wavy hair and wears round, gold-rimmed glasses. Both really look good on him, and I think he has very good taste. It's not just his looks that I like. He's also very intelligent and hard-working. He never brags about his achievements in front of people. He's very modest. Actually, this is what I like about him the most. But the thing is, he and I work in very close proximity. He sits right next to me! So, it's sometimes difficult to focus on my work. Should I keep my feelings to myself? Or should I tell him how I feel? What if he rejects me? I don't know what to do. I'm a little frustrated.

Q1 Who do I have a crush on?

저는 누구를 좋아하고 있나요?

- You have a crush on a guy at work.

  당신은 같은 회사에서 일하는 어떤 남자를 좋아하고 있습니다.

Q2 How tall is he? Is he slim?

그 남자는 키가 어떻게 되나요? 체격은 호리호리한가요?

- He's about 175 centimeters tall. Yes, he's slim.

  그 사람은 키가 약 175 센티미터이고 네, 호리호리합니다.

Q3 Am I having any trouble with this guy?

이 남자와 제가 어떤 문제라도 있나요?

- Yes, you can't really focus on your work because he sits right next to you.

  네, 그 남자는 당신 바로 옆에 앉기 때문에 당신이 업무에 집중할 수가 없습니다.

2 Language-focused task: Translate the Korean into English

1 회사에 제가 좋아하는 남자가 있어요. (상대방도 나를 좋아하는지는 알 수 없음)

= There is this guy at work that I have a crush on.

→ have a crush on somebody = ~에게 반하다, ~을 좋아하다

= like somebody; usually a strong interest but a passing feeling that a young person has

(vs) have a feelings for somebody = ~에 대해 끌리는 감정, 좋아하는 감정이 있다

= feel attraction or affection for somebody; an emotion that an adult feels, deeper than "crush"

special uses of 'this OR these' in very informal speech

this, these와 같은 지시형용사는 비격식적인 상황에서 누군가 또는 무엇을 처음으로 소개할 때 관사 a / an 대신에 사용될 수 있다.

There's **a** guy at work that I have a crush on.

(vs) There's **this** guy at work that I have a crush on.

→ a guy, this guy 모두 사용 가능하지만 this guy가 a guy보다 더 비격식적인 뉘앙스를 전달한다.

(Ch. 6) There's **this** project I'm working on.

word order differences between Korean and English

(한국어 어순) 제가 좋아하는 (수식어) + 남자 (피수식어)

(영어 어순) 남자 (피수식어) + 제가 좋아하는 (수식어)

= this guy + that I have a crush on → 수식어 = 'relative clause'

(참고) '관계대명사절(relative clause)'의 통사적 생성 원리

There's this guy at work that I have a crush on의 문장은 다음 2개 절(clause)[1] 의 의미를 관계대명사 that을 이용하여 생성된 문장으로 이해 가능하다.

절 1 = There's this guy at work. = 회사에 어떤 남자가 있어요.

절 2 = I have a crush on this guy. = 저는 이 남자를 좋아해요.

절 1, 2에서 공통된 요소는 명사구 this guy로, 이 2개 절을 1개 문장으로 표현할 시 this guy가 한 문장 안에 2번 반복이 되어 아래와 같은 비문법적인 문장이 된다.

→ (a) There's this guy at work I have a crush on this guy. → Incorrect

따라서 대명사의 한 종류인 관계대명사를 이용하여 반복이 되는 두번째 this guy를 관계대명사 that으로 대체하면 (즉 relative pronoun substitution) 아래 문장이 된다.

→ (b) There's this guy at work I have a crush on that.

이 단계에서 관계대명사 that을 (b) 문장의 I have a crush on의 앞으로 추가 이동시키면 (즉 relative pronoun fronting) 아래의 관계대명사절이 포함된 문법적인 문장으로 귀결된다.

→ (c) There's this guy at work that I have a crush on.

→ 관계대명사절 = that I have a crush on

보통 문장에서 전치사 뒤에 나오는 명사구를 전치사의 목적어로 명명한다. 따라서 절2인 I have a crush on this guy의 경우, this guy가 전치사 on의 목적어가 된다. 결과적으로 위 (c) 문장의 관계대명사 that도 this guy를 대체하여 앞으로 이동된 것이기 때문에 that도 전치사 on의 목적어가 된다. 이 때 관계대명사 that을 '목적격 관계대명사'로 명명한다. 관계대명사가 관계대명사절의 목적격일 경우, 관계대명사는 생략이 가능하다 (즉 relative pronoun deletion). 결과적으로 아래의 관계대명사 that이 생략된 문장도 문법적으로 가능한 문장이다.

→ (d) There's this guy at work I have a crush on.

→ 관계대명사 that이 생략된 관계대명사절 = I have a crush on

---

1 '절(clause)'이란 주어, 동사가 포함된 문장의 단위를 '절'이라 부른다.

(Ch. 6) 내가 작업 중인 프로젝트가 있어.

= There's this project I'm working on.

→ 목적격 관계대명사 that이 생략된 관계대명사절 = I'm working on

따라서 There's this project that I'm working on 문장도 가능

이 때, 관계대명사 that은 전치사 on의 목적어이므로 '목적격 관계대명사'로 명명

(Ch. 7) 그녀가 현재 신고 있는 운동화가 그렇게 편하지가 않아.

= The ones she's using now are not that comfy.

→ the ones은 해당 지문의 문맥상 the sneakers를 가리키는 명사구.

\+ 목적격 관계대명사 that이 생략된 관계대명사절 = she's using now

따라서 The ones that she's using now are not that comfy 문장도 가능

이 때, 관계대명사 that은 동사 use의 목적어이므로 '목적격 관계대명사'로 명명

2 키는 175센티 정도이고 체격은 호리호리해요.

= He's about 175 centimeters tall and slim. → about = 대략

3 그는 짙은 갈색의 긴 웨이브 머리이고 동그란 금테 안경을 써요.

= He has dark brown, long wavy hair and wears round, gold-rimmed glasses.

4 헤어 스타일과 안경 둘 다 그에게 너무 잘 어울리고 센스가 좋은 것 같아요.

= Both really look good on him, and I think he has very good taste.

→ look good on somebody = (머리스타일, 화장, 옷 등이) ~에게 잘 어울리다

→ have good taste = 센스, 감각, 안목이 좋다 → taste = 무엇을 잘 고르는 감각

(vs) (Ch. 1) The snack has a nutty taste. = 그 과자는 견과 맛이 나요.

5 제가 좋아하는 건 그의 외모만은 아니에요. 그는 또한 매우 똑똑하고 열심히 일하죠.

= It's not just his looks that I like. He's also very intelligent and hard-working.

→ looks = (plural noun) a person's appearance = 외모

→ It's not just his looks that I like. = 내가 좋아하는 것은 그의 외모만은 아니다.

문장의 특정 부분을 강조할 때 'it is + 강조 내용 + that clause' 사용

+ 이 문장에서는 not just his looks를 강조, 즉 그의 외모만은 아니라는 점을 강조

6 그는 자신의 성과에 대해 사람들에게 결코 자랑하지 않아요. 매우 겸손해요.

= He never brags about his achievements in front of people. He's very modest.

→ brag about something = (disapproving)

자신의 성취, 소유물 또는 누군가에 대해 지나치게 자랑하다

→ in front of ~ = (preposition) ~ 앞에서

(Ch. 8) I get so embarrassed whenever you burp out loud in front of other people.

= 당신이 사람들 앞에서 큰 소리로 트림할 때마다 너무 창피스러워.

7 사실 이 점이 제가 그 사람을 가장 좋아하는 이유입니다.

= Actually, this is [what I like] [about him] the most.

→ what I like + about him = 내가 좋아하는 것 + 그에 대해

what + 'subject + verb' = ~(subject + verb)하는 것

(Ch. 1) Be careful about [what you say] to her.

= 네가 말하는 것

(Ch. 3) I'd like to take a look at [what you got] some time.

= 네가 산 것

(Ch. 4) My friends were envious of [what I had] in my lunch box.

= 내가 가진 것

(Ch. 4) Make a guess about [what this word means].

= 이 단어가 의미하는 것

(Ch. 5) This is [what I do] to maintain a healthy lifestyle.

= 내가 하는 것

8 그런데 문제는 그 사람과 제가 아주 가까운 거리에서 일하고 있다는 점이에요.

= But the thing is, he and I work in very close proximity.

→ proximity = (formal; uncountable N) nearness in distance or time / 가까움, 근접

→ The thing is ~ = (informal) 앞에서 언급된 내용과 관련된 어떤 점을 (어떤 중요한 사실, 이유, 해명, 문제점 등을) 이야기하고 싶을 때 사용

위 문맥에서 But the thing is는 But the difficult thing is 또는 But the difficult part is로 해석 가능

9 그는 바로 제 옆자리에 앉아요! 그래서 가끔은 일에 집중하기가 힘들어요.

= He sits right next to me! So, it's sometimes [difficult] to focus on my work.

→ He sits right next to me. → right = (adverb) immediately = 바로

(Ch. 2) You shouldn't take a nap right after a meal.

= 식사 후에 바로 낮잠을 자지 않는 것이 좋아요.

→ right = (adverb) immediately = 즉시, 바로 / after = (prep.) ~후에

(Ch. 3) There were lots of small stores next to each other.

= 작은 가게들이 엄청 많고 가게들이 옆에 서로 붙어 있더라. → next to = (prep.) ~옆에

the construction, it is + 'adjective' + 'to verb (OR to infinitive)'

It's sometimes [**difficult**] to focus on my work. = 일에 집중하는 것이 가끔은 힘들다.

(Ch. 1) To be healthy, it's very [**important**] for us to eat breakfast.

= 건강하기 위해서는 아침식사를 하는 것이 정말 중요하다.

(Ch. 1) It's not [**good**] to have a big meal at night.

= 밤에 많이 먹는 것은 건강에 좋지 않다.

(Ch. 4) It's [**harder**] to make friends as an adult.

= 어른이 돼서 친구를 사귀는 것은 더 어렵다.

10 제 감정을 숨겨야 될까요?

= Should I keep my feelings to myself?

→ keep something to oneself = ~을 다른 이와 공유하지 않다

11 아니면 좋아한다고 그에게 고백해야 될까요?

= Or should I tell him [how I feel]?

→ tell + somebody + [something] = 누구에게 + [무엇을] 말하다

= how I feel = 내가 어떻게 느끼는지를

12 만약에 그가 거절하면 어떡하죠?

= What if he rejects me?

→ What if + 'subject + verb'? = ~(subject + verb)하면 어떡하지?

13 어떻게 해야 될지 모르겠어요. 좀 답답합니다.

= I don't know what to do. I'm a little frustrated.

→ **what + to 'verb'** = ~(verb)할 것

I don't know what to do.

= 뭘(어떻게) 해야 될 지 모르겠어요.

→ what to do = 할 것 → 무엇을(어떻게) 해야 될 지

(Ch. 8) Thinking of what to wear to work, my new dress came to mind.

= 회사에 뭘 입고 갈까 생각하다가 새로 산 원피스가 떠올랐어요.

→ what to wear = 입을 것 → 무엇을 입을 지

1 Theme study: appearance and character

1 Appearance = height, weight, and age: 키, 몸무게, 나이

My dad is pretty tall but my mom is short. = 아버지는 키가 꽤 크시지만 엄마는 작으세요.

A How tall are you?

= 키가 어떻게 되세요?

B I'm 163 centimeters (tall). As a Korean woman, I'm average / medium height.

= 163 센티미터예요. 한국 여성 기준으로는(한국 여성으로서는) 평균 키예요.

→ (Ch. 4) It's harder to make friends as an adult. = 어른으로서 친구를 사귀는 것은 더 어렵다.

→ as + 'noun phrase' = (as: prep.) ~로서

A How much do you weigh?

= 몸무게가 어떻게 되나요?

B I weigh 70 kilos.

= 70 킬로 나가요.

A How old are you?

= 나이가 어떻게 되세요?

B I'm 25 (years old). / I'm in my twenties. / I'm in my early / mid- / late twenties.

= 스물 다섯입니다 / 20대입니다 / 20대 초반, 중반, 후반입니다.

A How old does she look?

= 그녀는 몇 살로 보여?

B She seems (to be) in her thirties. / She seems thirty-something.

= 30대인 것 같아.

B She seems about (OR around) thirty. / She seems thirtyish. → -ish = (suffix) about

/ She seems (to be) somewhere around thirty.

= 서른 살쯤 된 것 같아.

B She seems middle-aged.

= 중년이신 것 같아.

2 Appearance = looks: 겉모습 (+ 'noun phrases(명사구)' OR 'adjectives(형용사)')

I have broad shoulders, and I'm well-built.

= 저는 어깨가 넓고 체격이 좋아요(다부져요).

I'm tall and skinny, but I'm in good shape.

= 저는 키가 크고 말랐지만 건강은 좋아요(= 건강해요).

→ be in good shape = be healthy

I'm a little plump and have a roundish face.

= 저는 약간 통통하고 동그스름한 얼굴이에요.

I have an oval / square face with straight / curly hair.

= 저는 얼굴이 계란형이고 / 네모지고, 머리는 직모 / 곱슬이에요. → preposition 'with'

I have thick / thin eyebrows and high cheekbones.

= 저는 눈썹이 짙고 / 가늘고, 광대뼈가 높아요.

I'm dark-skinned / light-skinned.

= 저는 피부색이 검은 색이에요 (또는 피부색이 어두워요) / 저는 피부색이 밝아요.

→ dark-skinned: 흑인에게 해당되거나 아시아인 중 피부색이 검지는 않아도 어두운 사람에게 사용 가능

I have a scar / a pimple / a few wrinkles / a few moles on my face. → (prep.) 'on'

= 저는 얼굴에 흉터 / 여드름 / 약간의 주름 / 약간의 점이 있어요.

more examples

freckles = 주근깨

liver spots = 기미, 검버섯

I have a beard / a mustache. I am growing a beard / a mustache.

= 저는 턱수염 / 콧수염이 있어요. 저는 턱수염 / 콧수염을 기르고 있어요.

3 **Character = positive or negative:** 긍정 또는 부정적인 성격, 기질 (+ 'adj. (형용사)')

Rick is nice / kind / friendly / funny / hilarious. Everyone likes him.

= Rick은 (사람이) 좋다 / 친절하다 / 다정하다 / 재미있다 / 진짜 웃긴다. 모두가 그를 좋아한다.

→ hilarious = extremely funny

A What's he like?

= 그 사람은 어떤 사람이야? 성격이 어때?

→ like = (prep.) ~와 같은

B He seems a bit too stubborn.

= 좀 고집이 센 것 같아.

→ a bit too stubborn = unnecessarily stubborn or overly stubborn

A What are you like?

= 당신은 어떤 사람이에요?

B I think I'm a / an outgoing / sociable / extroverted / shy / introverted person.

= 저는 외향적인 / 사교적인 / 외향적인 / 수줍음이 많은 / 내향적인 사람 같아요.

You seem cheerful / talkative / calm / patient / impatient today.

= 오늘 따라 명랑해 보이네(기분이 좋아 보이네) / 말이 많은 것 같네 / 침착한 것 같네 / 참을성이 있어 보이네 / 참을성이 없는 것 같네. → 평소와 반대라는 의미

→ im– = (prefix) opposite meaning of a base word

Are you a decisive person or indecisive person?

= 당신은 결단력이 있는 편인가요 아니면 우유부단한 편인가요?

→ in– = (prefix) opposite meaning of a base word

She's broad-minded / narrow-minded / selfless / selfish (OR self-centered).

= 그녀는 마음이 넓은 / 속이 좁은 / 이타적인 / 이기적인 (= 자기 중심적인) 사람이야.

He's honest / dishonest / modest (OR humble) / arrogant / generous / stingy / thoughtful (OR considerate) / thoughtless (OR inconsiderate) / mean / rude / mature / immature / childish.

= 그는 정직하다 / 정직하지 못하다 / 겸손하다 / 오만하다 / 후하다 / 인색하다 / 사려가 깊다 / 배려심이 없다 / 못됐다(심술궂다) / 무례하다 / (나이에 비해) 어른스럽다 / (나이에 비해) 미성숙하다 / (성인이 아이처럼) 유치한 행동을 한다.

→ dis-, in-, im- = (prefix) opposite meaning of a base word

I'm sometimes too frank. This makes some of my friends uncomfortable.

= 난 가끔 너무 솔직해서 내 친구들 중 몇몇은 나를 불편하게 생각해.

→ make + somebody + 'adjective' = 누구를 ~(adjective)한 상태로 만들다, 야기하다

uncomfortable = (adj.) 불편하게 생각하는 (vs) comfortable = (adj.) 편하게 생각하는

One of my friends is really lazy / hard-working.

= 내 친구들 중 한 명은 매우 게을러 / 매우 열심히 일해(근면하다, 성실하다).

2 Idioms and proverbs

1 People person (VS) Lone wolf

People person (informal) = 다른 사람들과 어울리는 것을 좋아하는 사람

= a person who enjoys being with or talking to other people

(vs) **Lone wolf** = 혼자 있는 것을 좋아하는 사람 (혼자 일하거나 혼자 활동하거나 혼자 살거나 등)

= a person who prefers to work, act, or live alone

예 A Are you a people person?

= 당신은 사람들과 어울리는 거 좋아하세요?

B No, not at all. I'm a lone wolf.[2] I don't mind eating by myself at a restaurant or going to a movie alone. I enjoy my own company.

= 전혀요. 저는 혼자 있는 거, 혼자 활동하는 것 좋아해요. 식당에서 혼자 밥을 먹거나 영화를 혼자 보러 가는 것 개의치 않아요. 저는 혼자 있는 걸 즐겨요. (또는 혼자서도 잘 놀아요)

→ don't mind + verb-ing = ~ 하는 것을 꺼리지 않는다

by oneself = alone = 혼자 → by myself = 나 혼자

eat by myself (OR alone) = 나 혼자 먹다

go to a movie = 영화관에 가다

go to a movie alone (OR by myself) = 영화관에 나 혼자 가다

enjoy one's company = 누구와 시간 보내는 것을 즐기다

company = (uncountable noun) 함께 있음 → (NOT) 회사

enjoy my own company = 내 자신과 시간 보내는 것을 즐기다

→ 혼자 있는 것을 즐기다[3]

2 Man of his word (OR) Woman of her word

= 약속을 지키는 사람, 언행일치가 되는 사람

= a person who always does what s/he promises

예 You can trust Jack. He's a man of his word. = Jack은 믿어도 돼. 그는 약속을 지키는 사람이야.

3 Eager beaver (informal)

= 아주 열심인 사람

= a person who is very enthusiastic about doing something and volunteers to do more

2 I'm a lone wolf는 부정적으로 인식될 수 있으므로 I prefer being alone으로 표현하면 부정적인 인식을 피할 수 있다.

3 즉 I enjoy my own company는 I enjoy being alone, I like being alone, I enjoy myself even when I'm alone 등의 의미를 지닌다.

예 (Coworkers talking about John at work: 직장에서 John에 대해 이야기를 나누는 동료들)

John is such an eager beaver. But the thing is, he makes everyone else look bad.

= John은 굉장히 열심히 일해. 근데 문제는 다른 사람들을 안 좋게 보이게 해.

→ such + 'noun phrase' = such 뒤의 '명사구'를 강조할 때 앞에 such 사용

(Ch. 8) Today turned out to be such a bad day. = 오늘은 정말 안 좋은 하루였어요.

→ make + somebody + 'verb' = 누구를 ~(verb)하게 만들다, 야기하다

→ 위 문맥에서 But the thing is는 But the problem is로 해석 및 표현 가능

4 Beauty is in the eye of the beholder

= 아름다움은 보는 사람의 눈에 달린 것, 제 눈의 안경이다

= beauty cannot be judged objectively

예 (Between friends)

A That guy over there is so cute!

= 저기 저 남자 진짜 잘 생겼다, 매력적이다!

B Really? Well, beauty is in the eye of the beholder.

= 진짜로? 뭐.. 사람마다 보는 눈이 다르니깐.

→ over there

(Ch. 5) What are you doing over there? = 너 거기서 뭐 하는 거야?

(Ch. 6) You know that burger restaurant over there? = 저기 있는 저 햄버거 가게 알죠?

(Ch. 7) Look at that camera over there! = 저기 저 카메라 좀 봐!

5 You can't judge a book by its cover (OR) Don't judge a book by its cover

= 겉모습으로 판단하지 마라

= you can't always rely on appearances or you should not judge a person or a thing based on their appearance

예 A The food looked so delicious in the menu, but it wasn't as good as I expected.

= 메뉴에는 음식이 굉장히 맛있어 보였는데 생각만큼 맛있지는 않네.

the construction, 'as + adjective + as'

as + 'adjective' + **as** ~ = (긍정문) ~만큼 ~(adjective)한

not + **as** + 'adjective' + **as** ~ = (부정문) ~만큼 ~(adjective)하지 않은

→ (Ch. 4) She is not as energetic as before. = 그녀는 예전만큼 활동적이지는 않으세요.

B Well, sometimes, you can't judge a book by its cover.

= 가끔은 외양만으로는 판단할 수가 없지.

→ (OR) (proverb) All that glitters is not gold. = 반짝인다고 모두 금은 아니다.

(expression) Looks can be deceiving. = 겉모습, 외양은 기만적, 실제와 다를 수 있다.

3 Phrasal verbs: dressed up / dress down / show (...) off (OR) show off (...)

1 Dress up / Dress down

= 차려 입다 (= dress formally) / 편하게, 캐주얼 하게 입다 (= dress informally)

예 (To a sibling on a weekend morning: 주말 오전 형제, 자매에게)

A What's the occasion? You really dressed up!

= 무슨 일이야? 완전 차려 입었네.

B Oh, I have a wedding to go to. One of my coworkers is getting married today.

= 아, 결혼식에 가야 돼서. 내 직장 동료 중 한 명이 오늘 결혼하거든.

→ go to a wedding = 결혼식에 가다

word order differences between Korean and English

(한국어 어순) 가야 하는 (수식어) + 결혼식 (피수식어)

(영어 어순) 결혼식 (피수식어) + 가야 하는 (수식어)

= a wedding + to go to → 수식어 = 'to verb'의 형태

(To a sibling getting ready for work in the morning: 아침 출근을 준비하는 형제, 자매에게)

A You seem to be in a good mood today.

= 오늘 기분 좋아 보이는데.

B Well, today is Friday, which means I can dress down for work!

= 음, 오늘은 금요일. 이 말이 의미하는 건, 편한 복장으로 출근해도 된다는 것이지!

→ , which = '관계대명사'로 앞의 절(clause) 전체인 'today is Friday'를 지칭

(Ch. 8) I have to pass the exam this time for sure, which makes me really stressed (out). = 이번에 꼭 시험에 합격해야 한다는 사실이 너무 스트레스가 돼.

→ , which = '관계대명사'로 앞의 절(clause) 전체인 'I have to pass the exam this time for sure'를 지칭

2 Show (...) off (OR) Show off (...)

= '무엇, 누구를 보이면서' 무엇을, 누구를 '은근히' 자랑하다, 뽐내다, 과시하다

예 (Between friends)

A Some people love to show off on social media. I don't understand. → prep. 'on'

= 일부 사람들은 소셜 미디어에서 (사진 올리면서) 자랑하는 걸 좋아해. 이해가 안 돼.

→ show off = by showing (pictures of their luxury cars, pricey watches, etc.)

B I don't get it, either. → get = understand

= 나도 이해가 안 돼.

+ **show-off** = (noun; informal and disapproving)

'무엇, 누구를 보이면서 은근히' 자랑, 뽐내거나, 과시하기 좋아하는 사람

예 John is such a show-off. = John은 자기 과시 엄청 해.

+ **show off** (vs) **brag**

Some people love to show off on social media.

= 일부 사람들은 소셜 미디어에서 (사진 올리면서) 자랑하는 걸 좋아해.

→ show off = by showing something

(vs) He never brags about his achievements in front of people. He's very modest.

= 그는 자신의 성과에 대해 사람들에게 결코 자랑하지 않아요. 매우 겸손해요.

→ brag = by speaking about something (brag: disapproving)

He's always bragging about his sports car.

= 그는 항상 자신의 스포츠카를 자랑한다.

→ brag = by speaking about his sports car

(vs) He always shows off his sports car.

= 그는 항상 자신의 스포츠카를 자랑한다.

→ show off = by showing his sports car

→ **show off** = '무엇, 누구를 보이면서' 다른 이의 주목을 끌어 '은근히' 자랑, 과시하다 → nonverbal

(vs) **brag** = 무엇, 누구에 대해 '말로' 자랑하다, 과시하다 → verbal

4 Nuance: fat vs. large (OR heavy) (and) skinny vs. slim (OR slender)

1 Fat vs. Large (OR Heavy)

fat은 '뚱뚱한'의 의미로 정중하지 못한 뉘앙스이므로 '몸 사이즈, 체격이 큰, 과체중의'을 의미하는 large 또는 heavy를 사용하는 것이 더 정중한 표현이다.

예 He's (a bit) large / heavy. → (NOT) He's fat.

= 그 분은 몸 사이즈(체격)가 (좀) 커요 / 그 분은 (좀) 과체중이에요.

2 Skinny vs. Slim (OR Slender)

skinny는 '깡마른'의 의미로 상황 또는 개인의 생각에 따라서는 긍정적인 뉘앙스로 사용될 수 있으나, 일반적으로는 부정적인 뉘앙스를 지닌다. 반면 slim 또는 slender는 '(건강하면서) 날씬한, 호리호리한'을 의미하는 단어로 긍정적인 뉘앙스의 단어이다.

예 (Doctor to patient: 의사가 환자에게)

You still look skinny. Have you been eating well?

= 여전히 너무 말랐는데요. 식사는 잘 하시고 있나요? → negative nuance

5 Breaking words into parts: suffixes (-ful / -less)

base word + [-ful / -less] = adjective marker / adjective marker

cheer (noun 환호) + -ful = cheerful (adjective 쾌활한, 생기 있는)

self (noun 자신, 자아) + -less = selfless (adjective 이타적인) → -less = 'not' OR 'without'

(vs) self (noun 자신, 자아) + -ish = selfish (adjective 자기만 아는, 이기적인)

예 I feel like I'm so forgetful these days. → (참고) 'forget'은 noun이 아닌 verb임

= I feel like I'm forgetting things so often these days.

= 요즘 들어서 너무 잘 잊어버리는 것 같아.

→ feel like + 'subject + verb'

What's the best (= the most delicious) sugarless / sugar-free soda?

= 무설탕 탄산음료 중에 뭐가 제일 맛있지?

more examples

gluten-free bread = 밀가루를 사용하지 않은 빵

caffeine-free drinks = 카페인이 없는 음료

6 Confusing aspects of English: s/he is so cute!

대부분의 언어가 그렇듯이 영어 또한 하나의 단어라 할지라도 상황에 따라 매우 다양한 의미로 사용된다. 예를 들어 cute이라는 단어는 '귀엽다' 라는 기본 의미를 지니지만 상황에 따라서는 '예쁘다, 잘생겼다, 매력적이다' 의 의미로도 사용 가능하다.

S/he is so cute!

(To a baby: 아기에게)

S/he's so cute!

= 애기가 너무 귀여워!

(To a woman / a man: 여성, 남성에게)

S/he is so cute.

= S/he's so pretty, beautiful, handsome, OR attractive.

= 그 여자 / 그 남자 너무 예쁘다, 잘생겼다, 매력적이다.

1 Fluency developments with dialogs

1 상황) 평소 숙면을 취하지 못하는 친구와의 전화 대화

A 너 오늘 기분 좋은 것 같은데, 생기가 넘치는데, 쾌활한데. 무슨 (좋은) 일 있어?

= Hey, you sound cheerful today. What's up?

B You know, I wake up multiple times in the middle of the night.

너도 알다시피, 내가 한밤중에 여러 번 깨잖아.

B But last night, I slept through the whole night. I didn't even go to the bathroom.

근데 지난 밤에는 한 번도 안 깨고 완전 잘 잤어. 화장실도 안 갔어.

→ sleep through something = (phrasal verb) ~에 의해 깨지 않고 계속 자다

A I see. Good for you.

아 그렇구나. (= 그래서 기분이 좋구나, 생기가 넘치는구나) 잘 됐네.

→ (Ch. 7) I see. That's why she got angry. Okay, I get the picture.

= 그렇군요. 그래서 그녀가 화가 난 거군요. 알겠어요 무슨 상황인지.

2 상황) 우유부단한 성격의 상사에 대해 친구와 나누는 대화

A 내 상사는 지나치게 우유부단해. 계속 맘을 바꿔.

= My boss is overly indecisive. He constantly changes his mind.

→ change one's mind = ~ 의 마음을 바꾸다

B I feel you. My husband is just like that. It drives me crazy.

무슨 말인지 알아. 내 남편이 딱 그렇거든. 정말 미치겠어.

→ I feel you = (informal) I understand what you mean; I relate to what you are saying; I sympathize with you

상대방의 마음을 이해하다, 공감하다

→ My husband is just like that. → like = (preposition) ~와 같은, 유사한

(Ch. 2) She loves pizza, pasta, and things like that.

= 그녀는 피자, 파스타, 그런 거 좋아해.

(Ch. 3) I can't go on working like this.

= 이런 식으로는 일 더 못해.

→ drive someone crazy = ~을 미치게 하다 = make someone very upset or annoyed

It drives me crazy = 그것은 나를 미치게 한다

\+ it = 앞 문장의 his constantly changing mind

3 상황) 경찰에게 용의자를 묘사하는 목격자

A Can you describe him?

그 사람 묘사할 수 있겠어요?

B 네. 중간 정도의 키였지만 체격이 좋았고요.

= Yes. He's medium-height but well-built.

B 얼굴은 달걀형이고 눈썹이 눈에 띄게 짙었어요.

= He has an oval face and has noticeably thick eyebrows.

A 몇 살쯤으로 보이던가요?

= About how old did he look?

B 50대 중반 아니면 50대 후반으로 보였어요.

= He seemed to be in his mid 50s or late 50s.

2 Fluency developments in sentences

1 회사에 제가 좋아하는 남자가 있어요. (상대방도 나를 좋아하는지는 알 수 없음)

= There is this guy at work that I have a crush on.

2 제 감정을 숨겨야 될까요?

= Should I keep my feelings to myself?

3 그는 얼굴에 흉터가 하나 있어요.

= He has a scar on his face.

4 당신은 사람들과 어울리는 거 좋아하세요?

= Are you a people person?

5 나 요즘 너무 잘 잊어버리는 것 같아.

= I feel like I'm so forgetful these days.

= ·············· I'm forgetting things so often these days.

CHAPTER 10

The Theme

Work and Office Situations

Konglish:
'블랙 컨슈머'

영어가 비영어권의 나라에서 사용되면서 일부는 왜곡되어 사용되는 경우들이 있다.
예를 들어 한국에서 흔히 사용되는 시사 용어인 '블랙 컨슈머'는
영어로 '악성 소비자' 또는 '진상 손님'을 의미하지 않는다.
영어로 black consumers는 African-American consumers,
즉 '흑인 소비자'를 의미하는 표현으로 부정적인 뉘앙스가 내포되어 있지 않다.
'악성 소비자' 또는 '진상 손님'을 영어로 바르게 표현하면
problematic consumers
또는 consumers from hell 등으로 표현할 수 있다.
이때 from hell은 비격식적인 뉘앙스로 '최악의, 매우 불쾌한'을 의미한다.

1 Meaning-focused task: Listen to OR read the dialog

(Between a father in his fifties and his daughter in her twenties and in college)

Father Happy first day of work, sweetheart.

Daughter Thanks Dad.

Father How are you feeling?

Daughter I have mixed feelings. You know, I still have one semester to go, but I got this job, which is super exciting, and I'm really grateful for it. But at the same time, I'm really nervous that I might make mistakes. I might not be able to understand things fast enough. I might not get along with my coworkers. I might not be able to answer the phone properly.

Father Calm down, sweetheart. You'll do fine. Don't try too hard. Just listen well and be yourself.

Daughter Thanks Dad. Do you remember your first day of work?

Father Let me think. Well, off the top of my head, that was about 40 years ago.

Daughter Wow, what was it like? And what was your first job?

Father My first job was delivering newspapers. I was in my teens at that time. I had to wake up very early to deliver newspapers before school. Oh, look at the time. You gotta go now or you'll be late for your first day!

Q1 Is today a special day for the woman? Why?

오늘은 여자에게 특별한 하루인가요? 왜인가요?

Yes, it's a special day for her. It's her first day of work.

네, 특별한 하루입니다. 왜냐면 오늘은 여자의 첫 출근일이기 때문입니다.

Q2 How is she feeling?

여자의 기분은 어떤가요?

She has mixed feelings. She's super excited and grateful. But at the same time, she's quite nervous.

복잡한 감정입니다. 굉장히 신나고 감사한 마음이지만 동시에 꽤 긴장하고 있습니다.

Q3 What was her father's first job?

여자의 아버지의 첫 번째 직업(일)은 무엇이었나요?

His first job was delivering newspapers.

신문을 배달하는 일이었습니다.

2 Language-focused task: Translate the Korean into English

(Between a father in his fifties and his daughter in her twenties and in college

: 50대 아버지와 대학생인 20대 딸과의 대화)

1 Father: 첫 출근 축하해, 얘야.

= Happy first day of work, sweetheart.

2 Daughter: 고마워요 아빠.

= Thanks Dad.

3 Father: 기분이 어때?

= How are you feeling?

4 Daughter: 좀 복잡한 기분이 들어요.

= I have mixed feelings.

(Ch. 8) I have mixed feelings about moving to another city.

= 타지로 간다는 게 기분이 좀 착잡해.

5 Daughter: 아빠도 아시다시피 (졸업하려면) 아직 한 학기는 더 다녀야 하는데 이렇게 취직을 해서 너무 신나고 너무 감사해요.

= You know, I still have one semester to go, but I got this job, which is super exciting, and I'm really grateful for it.

word order differences between Korean and English

아직 한 학기는 더 다녀야 해요.

= I still have one semester to go.

→ 한 학기 (피수식어) + 다녀야 하는 (수식어 = to go)

(Ch. 9) 결혼식에 가야 해서.

= I have a wedding to go to.

→ 결혼식 (피수식어) + 가야 하는 (수식어 = to go to)

(Ch. 2) 오늘은 해야 하는 일이 많았어요.

= Today, I had lots of work to do.

→ 많은 일 (피수식어) + 해야 하는 (수식어 = to do)

the relative pronoun, 'which'

이렇게 취직을 해서 너무 신나요.

= I got this job, [which] is super exciting.

→ , which = '관계대명사'로 앞의 절(clause) 전체인 'I got this job'을 지칭

(Ch. 9) 오늘은 금요일, 이 말이 의미하는 건, 편한 복장으로 출근해도 된다는 것이지.

= Today is Friday, [which] means I can dress down for work.

→ , which = '관계대명사'로 앞의 절(clause) 전체인 'Today is Friday'를 지칭

words and grammatical structures: 'adjectives' with 'prepositions'

취직을 해서 너무 감사해요.

= I'm really grateful / thankful for it.

→ be grateful / thankful for something = ~에 대해 감사하게, 고맙게 생각하다

6 Daughter: 그런데 동시에 실수할까 봐 너무 불안하고 업무를 빨리 이해 못할 수도 있고 동료들과 잘 지내지 못할 수도 있고 전화 응대를 잘 할 수 있을지도 모르겠어요.

= But at the same time, I'm really nervous that I might make mistakes. I might not be able to understand things fast enough. I might not get along with my coworkers. I might not be able to answer the phone properly.

→ be nervous + that 'subject + verb' = ~ 하는 것이 불안하다, 초조하다

get along with somebody = (phrasal verb) ~ 와 잘 지내다

properly = (adverb) in a way that is correct or appropriate = 적절히

업무를 충분히 빨리 이해하다 = understand things fast enough

(NOT) understand things enough fast

words and grammatical structures: the adverb, 'enough'

부사(adverb)로서의 **enough**는 형용사(adjective)나 다른 부사(adverb)를 수식할 수 있는데 이 때 형용사와 부사는 enough 앞에 위치한다.

→ **'adjective' OR 'adverb' + enough (adverb)**

I might not be able to understand things **fast enough**.

→ fast (adverb) + enough (adverb)

(Ch. 3) The bathroom is not **clean enough**.

→ clean (adjective) + enough (adverb)

7 Father: 진정해. 잘 할 거야. 너무 애쓰지 말고 그냥 경청하고 평소대로 행동해.

= Calm down, sweetheart. You'll do fine. Don't try too hard. Just listen well and be yourself.

= Relax, sweetheart. ....

= Take it easy, sweetheart. ....

→ calm down = (phrasal verb) 진정하다

do fine = (spoken) 잘 하다, 잘 해내다 = do well

be yourself = behave or act as your usual self

평소의 모습대로 행동하다, 자연스럽게 행동하다

(Ch. 8) 너 오늘 평소와 좀 달라 보이는데.

= You don't seem yourself today.

8 Daughter: 고마워요 아빠. 아빠는 첫 출근 날 기억해요?

= Thanks Dad. Do you remember your first day of work?

9 Father: 어디 보자(생각해 보자). 글쎄 당장 기억나는 건 약 40년 전인 것 같네.

= Let me think. Well, off the top of my head, that was about 40 years ago.

→ that = 앞 문장의 your first day of work

→ off the top of one's head

= (informal) 사실을 확인하거나 깊게 생각해 보는 시간을 갖지 않고 당장 머리에 떠오르는 대로, 기억나는 대로 (생각, 기억이 정확하지 않을 수 있음을 함축)

10 Daughter: 와 첫 출근 날 어땠어요? 첫 직장이 뭐였어요?

= Wow, what was it like? And what was your first job?

→ it = 8번 문장의 your first day of work

첫 출근 날 어땠어요? = What was it (OR your first day of work) like?

(Ch. 9) 그 사람 어떤 사람이에요? = What's s/he like?

→ What is something / someone like? = ~는 어떤가요? (preposition, 'like')

(~에 대해 의견 또는 묘사 요청 시 사용)

11 Father: 내 첫 직장은 신문 배달하는 일이었어. 그 때가 내가 10대였었지. 학교 가기 전에 신문을 배달하기 위해 아주 일찍 일어나야 했었어.

= My first job was delivering newspapers. I was in my teens at that time.

I had to wake up very early to deliver newspapers before school.

→ '목적'의 to verb

verb-ing OR gerunds used as subject complements

문장에서 '주격 보어(subject complement)'란 '주어(subject)'를 보충 설명하는 요소를 의미한다. 아래 문장에서 my first job은 주어이고 my first job이 무엇인지 설명하는 delivering newspaper가 주격 보어가 된다. 이 때 주격 보어는 '동명사'의 형태(verb-ing)를 지닌다.

내 첫 직장은 신문을 배달하는 일이었어.

= My first job was **delivering** newspapers. → verb-ing = ~하는 것

(NOT) deliver newspaper = '신문을 배달하다'의 의미가 되므로 incorrect

verb-ing OR gerunds used as subjects

'동명사'의 형태(verb-ing)는 문장의 주어(subject)로도 사용될 수 있다.

(Ch. 1) 건강을 위해서는 아침식사를 하는 것이 매우 중요하다.

= To be healthy, **eating** breakfast is very important (for us).

밤에 많이 먹는 것은 건강에 안 좋으므로 저녁은 가볍게 먹으려고 해요.

= I try to have a small dinner because **having** a big meal at night is not good.

(Ch. 4) 야채를 먹는 것은 건강에 좋다. = **Eating** vegetables is good for you.

(Ch. 5) 운동을 하는 것은 내 생활에 활기를 준다. = **Working** out gives my daily life a boost.

12 Father: 아 시간이 벌써 이렇게 됐네. 너 지금 가야 돼. 안 그럼 첫 날에 지각하겠다!

= Oh, look at the time. You gotta go now or you'll be late for your first day!

→ gotta + 'verb' (basic verb form) = phrasal modal

(Ch. 3) (Husband to wife at home, preparing to attend a party)

Come on, honey! We gotta go now. = 서둘러, 여보! 지금 가야 해.

1 Theme study: work and office situations

1 Work = looking for a job (unemployed): 구직 또는 일을 쉬고 있는 상황

I don't have a job right now. = 지금은 직업, 직장이 없어요.

→ (euphemism: 완곡한 표현)

I'm (in) between jobs. (= temporarily unemployed but looking for one)

= 저는 잠시 직장을 쉬고 있어요.

I'm looking for work / a job. = 저는 일 / 직장을 구하고 있어요.

A I'm (in) between jobs now, but I'm not sure of what I want to do with my life.

= 지금 일을 쉬고 있는데, 앞으로 내가 뭘 하고 싶은지 잘 모르겠어.

B I'd do some volunteer work here and there if I were you. It may help you find what you really want to do.

= 내가 너라면 나는 여기 저기 봉사 활동을 좀 할 것 같아. (봉사 활동을 하면) 네가 진짜 하고 싶은 일이 무엇인지 찾는 데 도움이 될 수도 있어.

hypothetical conditionals

subject + would (OR 'd) + verb (bare infinitive form)

+ if + subject + verb (past form)

: 실제 상황(real situation)이 아닌 어떤 상상의 상황(imaginary situation)을 마음속으로 그려 볼 때 사용하는 구문으로, 아래 문장에서는 화자가 상대방의 입장이 되어(즉 상상을 하는 것) 생각을 해 보는 상황으로 '조언'의 기능을 가지는 것으로 해석도 가능하다.

I'd do some volunteer work here and there if I were you.

= I would do some volunteer work here and there if I were you.

= 내가 너라면 여기 저기 봉사 활동을 좀 할 것 같아.

words and grammatical structures: the verb, 'help'

help + someone ('object pronoun') + 'to verb' OR 'verb' = 누가 ~(verb)하는 것을 돕다

→ It may help you find what you really want to do.

= 봉사 활동은 네가 진짜 하고 싶은 일이 무엇인지 찾는 데 도움이 될 수도 있어.

(Ch. 6) That might help you (to) recharge / refresh.

= 잠시 쉬는 건 네가 재충전하는 데 도움이 될 수도 있어.

A You've been out of work / a job for the past couple of months. Aren't you running out of money?

= 지난 몇 개월 동안 일을 쉬었잖아. 돈 떨어지고 있지 않아?

→ (Ch. 6) We're running out of time. = 시간 없어. / I ran out of toothpaste. = 치약 다 썼어.

B Yes, I am, so I've been applying for jobs, but it's not easy to get one.

= 맞아. 그래서 여러 군데 지원하고 있는데 일자리 찾기가 쉽지가 않네. → one = a job

→ (Ch. 7) It was pouring, so all the cabs were taken. Then after about an hour, I was able to get in one. → one = a cab

= 비가 엄청 쏟아져서 빈 택시가 없었어. 약 1시간 후에야 택시를 탈 수 있었어.

A Hey, what are up to these days?

= 요즘 뭐하면서 지내?

B It's been so hectic – writing resumes and cover letters. I've submitted 50 applications!

= 정신 없이 바빴어 – 이력서, 자기 소개서 쓰느라. (취업)지원서를 50개나 제출했어!

→ it = my life OR things in my life

(To a person who's had a job interview: 면접을 본 이에게)

A How did the interview go? Did you hear back?

= 면접은 어땠어요? 결과 나왔어요?

→ hear back = get an email or call from the company (back = return)

B Well, I hope it went well, but no, I haven't heard anything yet.

= 글쎄, 면접을 잘 봤기를 바라긴 하는데, 아니요, 아직 소식은 없어요.

→ it = the interview

2 Work = get hired (employed): 취업이 된 상황

I've got good news. I got a job / got hired / got promoted / got a promotion.

= 좋은 소식이 있어. 나 취직 / 승진했어.

→ get hired = 고용되다, 취직하다

I work part-time / I have a part-time job and get paid by the hour.

= 저는 아르바이트를 하고 시급을 받아요.

→ get paid = 돈을 받다

I work full-time / I have a full-time job and get a salary / get a paycheck[1] every month.

= 저는 정규직으로 일하고 매달 월급을 받습니다.

A What do you do (for a living)? (OR) Where do you work?

= 무슨 일을 하세요? (OR) 어디에서 일하세요?

B I'm a nurse. (OR) I work at a hospital.

= 간호사예요. (OR) 병원에서 일해요.

1 paycheck은 종이로 된 수표를 의미하지만 은행으로 입금되어 받는 임금도 paycheck으로 표현 가능하다.

A Oh, then you work on shifts? = do you work shifts?

= 아 그럼 교대 근무를 하시겠네요?

B Yes. I work the day shift / the afternoon shift / the night shift. I wish I had a regular nine to six schedule.

= 네, 주간 교대 근무 / 오후 교대 근무 / 야간 교대 근무를 하고 있어요. 하지만 오전 9시부터 오후 6시까지 일하는 일반적인 스케줄이었으면 좋겠어요.

→ regular = usual, like other people

hypotheticals with 'wish'

I wish + 'subject + verb (past form)'

= 현실적으로 가능성이 낮거나 불가능한 상황에서의 '바람'의 표현

→ I wish I had a regular nine to six schedule. (have의 과거형 = had)

= 오전 9시부터 오후 6시까지 일하는 일반적인 스케줄이었으면 좋겠어요.

(Ch. 6) I wish I could. = I wish I could give myself a break. (can의 과거형 = could)

= 나도 쉬고 싶지만 현실적으로 그럴 수가 없어.

A How long is your coffee break[2] / lunch break at work?

= 직장에서 휴식 시간 / 점심 시간은 얼마나 되나요?

B We get a coffee break twice a day and 10 to 15 minutes each time. / We get an hour.

= 하루에 두 번, 10분에서 15분 휴식 시간을 가져요. / 1시간의 점심 시간을 가져요.

A Do you have a break room / a lunch room[3] / a cafeteria?

= 휴식 공간 / 점심을 먹을 수 있는 공간 / 구내식당이 있나요?

2 coffee break는 근무 중에 짧게 쉬는 휴식 시간을 의미하며 반드시 coffee를 마실 필요는 없다.

3 lunch room은 점심을 집에서 싸오거나 밖에서 사서 회사 내 공간에서 먹을 수 있는 공간을 의미한다.

A Do you always eat out at lunchtime?

= 점심 시간이 되면 항상 밖에서 드시나요?

B No, sometimes we have a meeting at lunch (= at lunchtime), so we have / eat lunch while having a meeting.

= 아니오. 가끔은 점심시간에 회의가 있어서 회의하면서 점심을 먹어요.

→ while having a meeting = while we have a meeting

reducing adverbial clauses of time

main clause(주절)와 adverbial clause(부사절)의 주어가 동일한 경우 'conjunction(접속사) (예: before, after, while, when, since) + subject + verb'의 'subject + verb'는 'verb-ing'로 축약하여 사용 가능하다.

We have / eat lunch while **we** have a meeting. → while + 'subject + verb'

= **We** have / eat lunch while having a meeting. → while + verb-ing

---

(Boss to employee: 사장 또는 높은 직책의 상사가 직원에게)

Can you work late tonight?

= 오늘 밤 늦게까지 일할 수 있어요?

Can you put in / work a few extra hours this week?

= 이번 주에 몇 시간 더 근무할 수 있어요?

→ put in something = spend time or effort doing something = 시간, 노력을 쓰다

Can you come in this Saturday?

= 이번 토요일에 나올 수 있어요? → 근무할 수 있는지

→ come in = come in 'to work'; come 'to the workplace'

Can you come in early tomorrow?

= 내일 일찍 나올 수 있어요? → 일찍 근무 가능한지

(Wife to husband: 아내가 남편에게)

What time are you getting off (work) tonight? I feel like having Sushi. Let's go out for dinner.

= 오늘 밤 몇 시에 퇴근해? 스시 먹고 싶은데 오늘 저녁은 밖에서 먹자.

→ feel like + verb-ing = ~ 하고 싶다

(Between coworkers: 동료 간에)

A Where's John?

= John 어디 있어요?

B He's off today. He's taking a sick day today. = He called in sick today.

= 오늘 쉬어요. 병가를 냈어요.

→ take a sick day = call in sick = 병가를 쓰다, 내다

A If you get to decide where you work, will you go into the office or work from home?

= 만약 근무 장소를 정할 수 있다면, 회사로 출근 하시겠어요, 재택 근무를 하시겠어요?

→ get to + 'verb' = ~ 하게 되다, ~ 할 기회를 가지게 되다

go into the office = go to your company (the place you work or your own company) = 회사에 출근하다

B I will work from home. I work more efficiently at home, and I'll save time not commuting.

= 재택근무를 하겠어요. 왜냐면 저는 집에서 더 효율적으로 일하고 출퇴근도 하지 않아 시간도 절약될 테니 깐요.

→ work from home = 재택 근무하다

3 Work = get fired, quit your job, or retire (unemployed)

: 해고되거나 그만두거나 은퇴하는 상황

A Did you hear James got fired?

= 제임스가 해고되었다는 소식 들었어?

B Yeah, he was such a bad worker. He was always late for work, made a lot of mistakes, didn't get along with his coworkers and was fighting with them all the time.

= 응. 좋은 직원은 아니었어. 항상 지각하고 실수 많이 하고 동료들과 잘 지내지 못하고 항상 불화가 있었지.

(Two employees working at the same company: 같은 회사에 근무하는 직원들)

A Did you hear there are going to be layoffs?

= 정리해고가 있을 거라는 소식 들었어?

B Yeah, sales have been constantly going down. I heard ten people are going to be laid off = get laid off = be let go = get let go.

= 응. 매출이 계속해서 떨어지고 있으니깐. 열명이 정리 해고될 거라 들었어.

→ sales go down = 매출이 떨어지다

→ be / get fired = (근로자의 잘못으로) 해고되다

(vs) be / get laid off = be / get let go

= (회사의 경영 전략 또는 회사의 경제적 이유로) 정리 해고되다

+ be / get let go → euphemism (부드럽고 완곡한 표현)

I can't stand my boss. Every day I feel like quitting.

= 내 상사를 참을 수가 없어. 매일 매일 그만 두고 싶은 심정이야. → quit = (verb) (직장, 학교 등을) 그만 두다

feel like + verb-ing → (Ch. 10) 스시 먹고 싶다. = I feel like having Sushi.

A When are you going to retire?

= 언제 은퇴할 생각이에요?

B I'm not sure, but I'd like to retire early if I can afford it. → it = retiring early

= 잘 모르겠어요. 하지만 여유가 되면 일찍 은퇴하고 싶어요.

A You're approaching retirement. Do you have any plans?

= 곧 은퇴하실 텐데 무슨 계획이라도 있어요?

B I'll definitely do volunteer work. I plan to visit an orphanage and teach English to the children there.

= 봉사 활동을 꼭 할 거예요. 보육원에서 아이들에게 영어를 가르칠 계획이에요.

→ plan + to 'verb' / teach something to someone

4 **Office supplies:** 사무용품을 구하거나 빌리는 상황

(Between coworkers)

A Can I use = can I borrow = can you lend me your calculator / phone charger, real quick?

= 계산기 / 휴대폰 충전기 잠깐만 사용해도 될까요? = 잠깐만 빌려 줄 수 있어요?

→ borrow + something = '무엇'을 빌리다

lend + somebody + something = 누구에게 + '무엇'을 빌려주다 / real quick = 아주 빨리

B Sure. Here you go. = Here you are.

= 물론요. (건네 주면서) 여기요.

5 **Office problems:** 사무용 기기 고장 등의 문제가 생긴 상황

(To a coworker who looks annoyed: 짜증나 보이는 동료에게)

A Is everything all right / okay? = 괜찮아? → 무슨 문제라도 있어?

B The copier / printer is not working again / is malfunctioning again / is out of order again / broke down again. (OR) The paper got jammed / stuck again.

= 복사기 / 프린터가 또 작동하지 않아 / 또 제대로 작동하지 않아 / 또 고장 났어 (OR) 용지가 또 걸렸어.

→ get jammed / get stuck = 용지가 걸리다

(To a coworker who looks annoyed: 짜증나 보이는 동료에게)

A What's wrong? / What's the matter?

= 무슨 일이야? → 무슨 문제라도 있어?

B My computer / laptop crashed and it won't turn on again.

= 컴퓨터 / 노트북이 고장 나서 (= 다운돼서) 다시 켜지지 않네.

→ crash = (verb) (컴퓨터가 시스템의 문제로) 작동하지 않다 / ~ turn on = ~ 이 켜지다

(OR) My computer / laptop went down and it won't turn on again.

B The monitor froze again.

= 모니터가 또 멈췄어.

→ freeze = (verb) (컴퓨터 화면이) 멈추다, 마우스 등에 반응하지 않다

B The website is down again.

= 웹 사이트가 또 다운됐어.

B I can't find my flash drive (= thumb drive). I might have lost it.

= 내 USB가 어디 있는지 모르겠어. 잃어버렸는지도 모르겠어.

→ USB는 영어로 flash drive 또는 thumb drive로 표현 (NOT: USB)

modal perfect used to express 'guesses about past situations'

might + have + 'past participle' (과거분사) = (과거에) ~했을지도 모른다 (과거 상황에 대한 추측)

→ I can't find my flash drive. I might have lost it. (lose의 과거분사 = lost)

= 내 USB가 어디 있는지 모르겠어. 잃어버렸는지도 모르겠어.

2 Idioms and proverbs

1 Think outside the box

= 기존의 틀을 깨는 창의적인 사고를 하다 = think in an unusual, a different or creative way

예 One of my coworkers always thinks outside the box. He always comes up with great ideas.

= 내 동료 중 한 명은 항상 틀을 깨는 창의적인 생각을 해. 그래서 항상 좋은 아이디어를 제시하지.

→ come up with something = (phrasal verb) ~ 을 제시하다

2 Get (OR) Be ahead of the curve (VS) Get (OR) Be behind the curve

Get (OR) Be ahead of the curve = 남들보다 시대를 앞서가다, 유행을 이끌다

= be faster about doing something than other people, companies, etc.

(vs) **Get (OR) Be behind the curve** = 남들보다 시대에 뒤쳐지다, 유행에 뒤쳐지다

= be slower about doing something than other people, companies, etc.

예 To get (OR) be ahead of the curve in business or in other areas, you should think outside the box. = 사업이든지 다른 영역에서든지 앞서 나가려면 고정관념에서 벗어나는 것이 좋습니다.

Japan is still using faxes a lot in business. They're way behind (the curve) in this respect.

= 일본은 여전히 비즈니스 상에서 팩스를 많이 사용하고 있습니다. 이 점에서 일본은 굉장히 뒤처져 있습니다.

→ way (adverb; informal) = very = 매우, 훨씬, 큰 차이로

3 Be (OR) Get on the same page (as someone)

= ~ 에 대해 (누구와) 같은 생각을 하다, 같은 이해를 하다, 동의하다

= agree or have the same understanding about something; think in the same way

예 To be on the same page as your clients, it's important to get frequent feedback from them. → (prep.) 'as' ~ = ~와

= 고객들과 같은 생각을 하려면 그들로부터 피드백을 자주 받는 것이 중요합니다.

→ it is 'adjective' + 'to verb'

more examples

A What's the key to a successful team project?

= 팀 프로젝트를 성공적으로 이끌려면 어떤 요소가 중요할까요?

B I'd say to be on the same page as your team members on what's going on. To do so, it's important to have regular meetings and communicate with them as often as possible.

= 일어나고 있는 일들에 대해 구성원들과 같은 생각, 이해를 하는 것이라 생각합니다. 그렇게 하려면 회의를 정기적으로 하고 가능한 자주 커뮤니케이션을 하는 것이 중요합니다.

4 Sell like hot cakes (OR) Go like hot cakes (OR) Fly off the shelves

= 불티나게 팔리다, 날개 돋친 듯이 팔리다

= be sold quickly and in large numbers; be a great commercial success

예 These days abroad, products of Korean companies are selling like hot cakes (OR) are going like hot cakes (OR) are flying off the shelves.

= 요즘 해외에서 한국 기업의 제품들이 불티나게 팔리고 있어요.

5 Have (got) a lot (OR too much OR enough) on one's plate

= 해야 할 일이 굉장히 많다

= be too busy or have too many things to deal with

예 Sorry, I can't help you move this weekend. I have a lot (OR too much OR enough) on my plate already.

= 미안해, 이번 주말에 이사할 때 도와 줄 수가 없겠어. 내가 할 일이 이미 너무 많아.

3 Phrasal verbs: work on ... / work out / fill in for ... / call off ....

1 **Work on ...** = ~을 달성하거나 향상시키는 데 시간, 노력을 기울이다

(= spend time producing or improving something)

예 (Between friends)

A Hey, what are you up to these days?

= 요즘 뭐해? 요즘 뭐 하면서 지내?

B I'm working on a big project.

= 큰 프로젝트 하나 진행 중이야. → work on + 'noun phrase'

B I'm working on losing some weight for my wedding.

= 결혼식 날에 살 좀 빼려고 노력 중이야.

verb-ing OR gerunds used as objects of prepositions

전치사(preposition)는 뒤에 명사(noun) 또는 동명사(verb-ing OR gerund)를 취하며 이 때 명사, 동명사는 전치사의 목적어(object)가 된다.

I'm working on losing some weight for my wedding.

→ on (prep.) + verb-ing

(NOT) I'm working on lose some weight for my wedding.

→ on (prep.) + verb

2 **Work out** = 운동하다 (= exercise); (일 등이) 잘 풀리다, 좋게 진행되다 (= be successful)

예 I work out regularly – three times a week. = 저는 일주일에 3번 규칙적으로 운동해요.

My first job didn't work out, but I hope this new job will work out for me.

= 제 첫 직장은 잘 풀리지 않았지만 이번 새 직장은 잘 풀리면 좋겠어요.

→ (Ch. 6) I hope everything will work out for you. = 모든 일이 잘 풀리기를 바라.

3 Fill in for ... = ~가 자리를 비워서 업무를 대신 보다 (= substitute for, cover for)

예 My coworker is out to lunch now, so I'm filling in for her.

= so I'm substituting for / covering for her.

= 동료가 지금 점심 식사 하러 잠시 외출 중이어서 제가 업무를 대신 보고 있어요.

→ (Ch. 5) Can you substitute for me next weekend?

= Can you cover for me next weekend? = 다음 주말에 나 대신 근무해 줄 수 있어?

4 Call off ... = ~을 취소하다 (= cancel)

예 The meeting was called off. (= The meeting was canceled.) = 회의가 취소됐어.

The baseball game might be called off if there's more rain.

= 비가 더 오면 야구 경기가 취소될 수도 있겠어.

→ be called off / be canceled = ~ 이 취소되다 → (passive voice) be + past participle

4 Variety: raise vs. rise (and) pronouncing 'schedule'

1 American vs. British words: raise vs. rise

'급여 인상'은 미국식 영어에서는 a raise 또는 a pay raise, 영국식 영어에서는 a rise 또는 a pay rise로 단어 사용이 다르다.

예 내년에 급여 인상을 받고 싶은데, 언제가 급여 인상을 요청하기에 좋은 시기일까요?

= **(American English)** I'd like to get a (pay) raise next year. When is a good time to ask for a (pay) raise?

= **(British English)** I'd like to get a (pay) rise next year. When is a good time to ask for a (pay) rise?

2 American vs. British pronunciation: schedule

'스케줄'은 미국식 영어에서는 [ˈskedʒuːl] 또는 '스케줄,' 영국식 영어에서는 [ˈʃedjuːl] 또는 '쉐줄'로 발음이 다르다. 만약 비즈니스 여행 차 영국을 방문하게 된다면 영국식 발음을 익힌 후에 방문하는 것이 원활한 의사소통에 도움이 될 것이다.

5 Breaking words into parts: suffixes (-er / -ee / -ment / -cation)

base word + [-er / -ee / - ment / -cation] = all noun markers

employ (verb 고용하다) + -er = employer (noun 고용주)

employ (verb 고용하다) + -ee = employee (noun 피고용자)

retire (verb 은퇴하다) + -ee = retiree (noun 은퇴자)

employ (verb 고용하다) + -ment = employment (noun 고용)

retire (verb 은퇴하다) + -ment = retirement (noun 은퇴)

apply (verb 지원하다) + - cation = application (noun 지원서)

예 What makes a consumer spend money in a store?

= 무엇이 소비자로 하여금 가게에서 돈을 쓰게 하는가?

→ consume = (verb) 사용하다, 소비하다, 먹다, 마시다

시사 용어, '블랙 컨슈머' (black consumers)

'악성 소비자' 또는 '진상 손님'은 영어로 black consumers가 아니다. 영어로 black consumers는 African-American consumers, 즉 '흑인 소비자'를 의미한다. '악성 소비자' 또는 '진상 손님'은 problematic consumers (OR customers) 또는 consumers (OR customers) from hell로 표현이 가능하다. 이때 from hell은 informal한 뉘앙스로 '최악의, 매우 불쾌한'을 의미한다.

(At work: introducing a new employee to other workers: 직원들에게 새 직원을 소개 중)

We have a new face today. = 오늘 우리 회사에 새로운 분이 오셨어요.

This is Jennifer and she was taken on (= was employed) as a trainee.

= 이 분 이름은 Jennifer 이시고요, 수습직원으로 고용되셨어요.

→ take somebody on = (phrasal verb) ~를 고용하다 (= employ)

train = (verb) 훈련, 교육시키다 → trainee = (noun) 수습 직원

→ trainer = (noun) 훈련, 교육시키는 사람

6 Confusing aspects of English: words ending with '-(a)holic'

다른 언어에서 빌려와 쓰이는 단어를 'loanword(외래어)'로 명명하는데, 한국어에서 사용되는 대표적인 외래어의 예로 영어의 meeting에서 가져온, '만남, 회의'를 뜻하는 '미팅'이 있다. 이 외에도 한국어에는 상당히 많은 수의 외래어가 존재하는데 '~홀릭'으로 끝나는 단어들도 이러한 외래어의 예시이다. '~홀릭'은 영어의 -holic 또는 -aholic이라는 접미사(suffix)에서 비롯된 것으로, 이러한 접미사로 끝나는 영어 단어의 의미는 '~에 중독이 된 사람, ~ 중독자'의 의미를 가진다.

Words ending with '-(a)holic'

alcoholic = someone who drinks too much alcohol; addicted to alcohol

알코올 중독자

workaholic = someone who works too much = 일 중독자

more examples

쇼핑 중독자 = shopaholic

= someone who enjoys shopping very much and does it a lot

초콜릿 중독자 = chocoholic

= someone who loves chocolate and eats a lot of it

1 Fluency development with dialogs

1 상황) 정확히 나이를 모르는, 어려 보이는 상대방과의 대화

A Are you in school or what do you do for a living?

학생이세요 아니면 무슨 일을 하세요?

B 아, 한 학기 더 남았는데요, 근데 지원서는 한 군데 냈어요.

= Oh, I have one semester to go, but I applied for a job.

A 연락이 왔나요? (= 결과는 나왔나요?)

= Oh, did you hear back?

B Not yet.

아니오 아직이요.

2 상황) 지인의 하는 일에 대해 대화를 나누는 상황

A Where do you work?

어디에서 일하세요?

B I work at a factory.

저는 공장에서 일해요.

A 아 그럼 교대 근무를 하시겠네요?

= Oh, then you work on shifts?

= Oh, then do you work on shifts?

= Oh, then do you work shifts?

B 네, 오후 근무를 하고 있어요.

= Yes, I work the afternoon shift.

3 상황) (편의점 안) 한 때 유행했었던 과자 한 봉지를 바라보며 나누는 친구와의 대화[4]

A Do you remember these snacks? They were huge at one time.

이 과자 기억나? 한 때 엄청 유행했었는데.

B 그래 기억나. 불티나게 팔렸었지.

= Yeah, I remember. They sold like hot cakes.

= .... They went like hot cakes.

= .... They flew off the shelves.

A Right, but I didn't really like them. They didn't taste good to me. Were you into them?

맞아 근데 난 별로였어. 맛이 없더라고. 넌 좋았어?

→ be into something = be interested in something = ~에 관심이 많다

B Not really. I thought they were just okay. They were nice and crunchy but overly greasy.

별로. 그냥 그랬어. 바삭해서 좋긴 했는데 기름이 너무 많더라.

2 Fluency development in sentences

1 저는 잠시 일을 쉬고 있어요.

= (euphemism) I'm (in) between jobs.

= I don't have a job right now.

---

4 편의점 안에서 = at a convenience store / 과자 한 봉지 = a bag of snacks

2 요즘 너무 바빴어. (과거의 어느 시점부터 시작하여 현 시점도 바쁜 상황)

= It's been so hectic these days.

= Things have been so hectic these days.

= I've had a lot on my plate these days.

= I've had so much on my plate these days.

3 자동 판매기가 또 고장 났네.

= The vending machine broke down again.

= .... is not working again.

= .... is out of order again.

= .... is malfunctioning again.

4 컴퓨터가 고장 나서 (= 다운돼서) 다시 켜지지 않네.

= My computer crashed and it won't turn on again.

= My computer went down and ....

5 지금 동료가 점심 식사 하러 잠시 외출 중이어서 제가 업무를 대신 보고 있어요.

= My coworker is out to lunch now, so I'm filling in for her.

= .... so I'm substituting for her.

= .... so I'm covering for her.

CHAPTER 11

The Theme

Time and Place

Using 'it' OR 'non-referential it'
to talk about the time

영어의 it은 앞의 명사 또는 명사구를 다시 지칭할 때
사용하는 '대명사'로서의 it이 있고
앞의 명사(구)를 지칭하지 않고 문장의 문법적인
주어 자리만 채워주는 non-referential 'it'이 있다.
예를 들어 문장에서 '시간'을 표현할 때 영어에서는
non-referential 'it'을 사용하여 문장의 문법적인 주어 자리를 만족시킨다.

1 Meaning-focused task: Listen to OR read the dialog

Woman You know they say, "time heals all wounds," but for me, it hasn't done much good. I had some terrible experiences in my childhood, and I'm in my thirties now, but the memories still haunt me. I find it extremely difficult to get over those experiences and move on. I wonder if there is a way I can let go and move on with my life. Do you have any good advice you can give me?

Man First of all, I agree with you that the saying, "time heals all wounds" doesn't always apply. What matters is our perception. For instance, if you take things seriously, they can become serious and even devastating events. And if you take things lightly, they often become, not a big deal. Compared with your childhood self, you are a completely different person now. Whatever happened in the past belongs in the past. I suggest you not revisit any past trauma or hold on to your pain. Do not live in the past. The past has no power over your life now, unless you let it. Life is all about what choices you make now. We cannot control what happens to our lives, but in the very least, we can choose how we deal with whatever experiences come our way.

Q1 What did the woman ask the man?

여자는 남자에게 무엇을 질문했나요?

➡ She asked if he could give her some advice.

남자가 여자에게 조언을 해 줄 수 있는지 질문하였습니다.

Q2 What do the woman and the man think about the saying, "time heals all wounds"?

여자와 남자는 '세월이 약이다'라는 속담에 대해 어떻게 생각하나요?

➲ They both think that it doesn't always apply.

여자와 남자 둘 다 그 속담이 항상 적용되는 것은 아니라고 생각합니다.

2 Language-focused task: Translate the Korean into English

1 Woman: '시간이 약이다' 라고 흔히 하는 말 아실 거예요. 그런데 이 말이 제게는 크게 도움이 되지 않았습니다.

= You know they say, "time heals all wounds," but for me, it hasn't done much good.

→ they = people = 일반 사람들

(proverb) Time heals all wounds. = 시간이 약이다

= Time's a great healer.

= Time (re)solves everything.

it = 속담으로 제시된 앞의 절(clause), "time heals all wounds"를 지칭

do (somebody) good = ~에게 도움이 되다, 이롭다

2 Woman: 어린 시절 저는 끔찍한 일들을 경험했고 지금은 30대가 되었지만 아직도 그 기억들이 저를 괴롭히고 있습니다.

= I had some terrible experiences in my childhood, and I'm in my thirties now, but the memories still haunt me.

→ haunt = (verb) 뇌리에서 떠나지 않다, 계속 떠오르다

3 Woman: 저는 그 일들을 잊고 앞으로 나아가는 것이 너무 힘들게 느껴집니다.

= I find it extremely difficult to get over those experiences and move on.

→ get over something = (phrasal verb) ~을 극복하다 / move on = 앞으로 나아가다

(Ch. 4) When she had to make a decision about something, she thought it through for one whole day. Then she took action and moved on with her life.

= 결정을 해야 하는 일이 생기면 엄마는 하루 종일 골똘히 생각해 보셨어요. 그러고 나서 행동을 취하셨고 그 다음 날은 원래의 생활을 하셨어요.

words and grammatical structures: the verb, 'find'

find it + 'adjective' + to 'verb' = ~(verb)하는 것이 ~(adjective)함을 발견하다

→ I find it extremely difficult to get over those experiences and move on.

= 그 일들을 잊고 앞으로 나아가는 것이 너무 힘이 듭니다.

(비교) **it is + 'adjective' + to 'verb'** = ~(verb)하는 것이 ~(adjective)하다

(Ch. 1) To be healthy, it's very important for us to eat breakfast.

= 건강하기 위해서는 아침을 먹는 것이 정말 중요합니다.

(Ch. 1) I try to have a small dinner because it's not good to have a big meal at night.

= 밤에 많이 먹는 것은 건강에 안 좋으므로 저녁은 가볍게 먹으려고 합니다.

4 Woman: 그 기억들에서 벗어나 제 인생을 살아갈 수 있는 방법이 있는지 궁금합니다.

= I wonder if there is a way I can let go and move on with my life.

→ I wonder + if + 'subject + verb' = ~(subject+verb) 할 수 있는지 궁금하다

let go of something = ~ 을 놓다, 놓아주다

if there is a way I can let go = if there is a way I can let go 'of them'

→ of them = 앞 내용의 of those terrible past experiences

\+ 문맥상 생략해도 이해가 되므로 of them 생략

word order differences between Korean and English

(한국어 어순) 기억에서 벗어나 내 인생을 살아갈 수 있는 (수식어) + 방법 (피수식어)

(영어 어순) 방법 (피수식어) + 기억에서 벗어나 내 인생을 살아갈 수 있는 (수식어)

= a way + I can let go and move on with my life

5 Woman: 좋은 말씀 부탁 드립니다. (직역: 제게 주실 수 있는 좋은 조언이 있을까요?)

= Do you have any good advice you can give me?

word order differences between Korean and English

(한국어 어순) 당신이 제게 주실 수 있는 (수식어) + 좋은 조언 (피수식어)

(영어 어순) 좋은 조언 (피수식어) + 당신이 제게 주실 수 있는 (수식어)

= any good advice + you can give me → 수식어는 'relative clause'

6 Man: 우선 '시간이 약이다'는 속담이 항상 적용되는 것은 아니라는 점에 동의합니다.

= First of all, I agree with you that the saying, "time heals all wounds" doesn't always apply.

→ agree + that 'subject + verb' = ~ 함에 동의하다

7 Man: 중요한 것은 우리의 생각(인식) 입니다.

= What matters is our perception.

→ perception = (noun) 생각, 인식

What matters is ~ = 중요한 것은 ~ 이다 → matter = (verb) 중요하다

(vs) (Ch. 10) What's the matter? = 무슨 일이야? 무슨 문제라도 있어?

→ matter = (noun) 문제 (= problem)

8 Man: 예를 들어, 만약 당신이 어떤 일을 심각하게 받아들이면, 그 일은 실제로 심각한 일이 될 수 있고 심지어는 당신의 삶을 파괴하는 일이 될 수도 있습니다.

= For instance, if you take things seriously, they can become serious and even devastating events. → they = 앞 절의 things

adjectives ending with '-ing' vs. adjectives ending with '-ed' (Ch. 8)

They (= things) can become devastat**ing** events. → '주어'가 '사물, 것'일 경우 '-ing' 사용

(NOT) They (= things) can become devastat**ed** events.

9 Man: 그리고 만약 당신이 어떤 일을 가볍게 받아 들이면, 그 일은 종종 대수롭지 않은 일이 됩니다.

= And if you take things lightly, they often become, not a big deal.

→ Not a big deal. = It's not a big deal. = No big deal. = It's no big deal.

= (informal) It's not a serious problem.

10 Man: 또한 현재의 당신은 어린 시절의 당신과 비교하여 완전히 다른 사람입니다.

= Also, compared with your childhood self, you are a completely different person now.

→ compared with somebody = ~ 와 비교하여 / self = (noun) 자신의 모습, 성격, 감정

11 Man: 과거에 무슨 일이 일어났던 그것은 과거의 일입니다.

= Whatever happened in the past belongs in the past.

→ 과거에 무슨 일이 일어났던 간에 그것은 (문장의 '주어') / happen = (verb) 일어나다

12 Man: 과거의 일을 곱씹거나 과거의 고통을 부여 잡고 있지 마십시오. 과거에 살지 마세요.

= I suggest you not revisit any past trauma or hold on to your pain. Do not live in the past.

→ revisit = re-(prefix) + visit

다시 방문하다, 어떤 것을 다시 생각해 보다

hold on to something = (phrasal verb) ~을 계속 잡고 있다, 놓지 않고 있다

subjunctive verbs in 'that' clauses

suggest, recommend와 같은 동사는 'that절 (= that clause)'을 취할 수 있으며 이 때 that절의 동사는 동사의 기본 형태 (basic verb form)를 취한다.

suggest + (that) 'subject + verb (basic verb form)' = ~할 것을 제안하다

→ (부정문) suggest + (that) 'subject + **not + verb**' = ~ 하지 않을 것을 제안하다

I suggest you **not** revisit any past trauma or I suggest you **not** hold on to your pain.

= I suggest you not revisit any past trauma or hold on to your pain.

13 Man: 과거는 당신이 허용하지 않는 한 현재의 당신의 삶에 어떤 영향력도 없습니다.

= The past has no power over your life now, unless you let it.

→ it = 앞 절의 the past

conditional sentences with the conjunction, 'unless'

unless + 'subject + verb'

= ~(subject)이 ~(verb)하지 않는 한 → unless = 'conjunction' (접속사)

The past has no power over your life now, unless you let it (= the past) have power over your life.

= 당신이 과거가 당신의 삶에 영향을 미치도록 허용하지 않는 한

= The past [has no power over your life] now, unless you let it.

→ unless you let it = 앞 절에서 이미 언급되어 반복되는 [have power over your life]가 생략된 구문

words and grammatical structures: the verb, 'let'

let + someone (OR) something + 'verb' (bare infinitive form)

= 누구가, 무엇이 ~(verb)하게 하다, 허용하다

Unless you let it (= the past)

= Unless you let it (= the past) have power over your life → let + something + verb

(Ch. 9) Let me cheer you up.

= (내가) 기분 좋게 해 줄게. → let + someone + verb

(Ch. 7) Let me give you a hand.

= Let me help you. = (제가) 도와 드릴게요. → let + someone + verb

14 Man: 삶은 현재 당신이 어떤 선택을 하느냐에 전적으로 달려 있습니다.

= Life is all about what choices you make now.

word order differences between Korean and English

(한국어 어순) 당신이 하는 (수식어) + 어떤 선택 (피수식어)

(영어 어순) 어떤 선택 (피수식어) + 당신이 하는 (수식어)

= what choices + you make

15 Man: 우리는 우리의 삶에 일어나는 일을 통제할 수 없습니다. 하지만 적어도 우리가 겪게 되는 경험을 (경험에 대해) 어떻게 대처할지는(받아들일지는) 우리가 선택할 수 있습니다.

= We cannot control what happens to our lives, but in the very least, we can choose how we deal with whatever experiences come our way.

→ what happens to our lives = 우리의 삶에 일어나는 것

come one's way = ~에게 일어나다 → come 'our' way = '우리'에게 일어나다

whatever experiences come our way

= 우리에게 어떤 일(경험)이 일어나든 간에 그것을

→ 위 구문은 15번 문장에서 전치사 with를 따르기 때문에 with의 '목적어'로 기능 및 목적어로 해석 가능

We cannot control what happens to our lives, but in the very least, we can choose how we deal with whatever experiences come our way.

= We cannot control [what happens to our lives], but in the very least, we can choose how we deal with it. → it = [what happens to our lives]

in / at the very least = 최소한, 적어도

deal with something = (phrasal verb) ~에 대처하다

02

1 Theme study: time and place

1 Time = seconds / minutes / hours: 초 / 분 / 시간

a / one second = 1초, a / one minute = 1분, an / one hour = 1시간

→ a / one minute = 60 seconds, an / one hour = 60 minutes

The alarm rings every 30 seconds / every 10 minutes / every 2 hours.

= 그 알람은 30초마다 / 10분마다 / 2시간마다 울린다.

Tomorrow, I have an appointment / a meeting at 10am / 3pm / noon.

= 내일 오전 10시 / 오후 3시 / 정오 (낮 12시)에 약속 / 회의가 있어.

word choice: appointment vs. meeting

appointment = a formal meeting such as an appointment with a doctor, a lawyer, a business client, or the teacher of your child

의사, 변호사, 사업상의 고객, 자녀의 학교 선생님 등과의 격식적인 만남

(vs) **meeting** = a less formal meeting such as a meeting with your coworkers or classmates

직장 동료 또는 학우들 등과의 보다 덜 격식적인 만남

A What time is it?

= 지금 몇 시야? → it = non-referential 'it' (시간)

B It's 2. = two (o'clock)

4:05. = four-oh-five = five after (OR past) four

9:15. = nine fifteen = quarter after (OR past) nine → quarter = 1/4, 15분

8:30. = eight thirty = half past (OR after) eight → half = 1/2, 30분

→ 시간을 표현할 때 30분까지는 전치사 after / past를 사용

B 11:45. = eleven forty-five = quarter to (OR till OR before) twelve

2:55. = two fifty-five = five to (OR till OR before) three

→ 시간을 표현할 때 30분이 넘으면 전치사 to / till / before를 사용

using 'it' OR 'non-referential it' to talk about the time

it은 앞의 명사(noun) 또는 명사구(noun phrase)를 다시 지칭할 때 사용하는 대명사(pronoun) it이 있고, 앞의 명사(구)를 지칭하지 않고 문장의 문법적인 주어 자리만 채워주는 non-referential 'it'이 있다. 예를 들어, '시간'를 나타낼 때 영어에서는 non-referential 'it'을 사용하여 문장의 주어 자리를 채울 수 있다.

10시 10분에 만나요. / 9시 50분에 만나요.

= I'll meet you at ten **after** ten / ten **to** ten.

나의 하루는 보통 동틀녘 / 새벽에 시작된다.

= My day usually starts at sunrise / at dawn.

(OR) I usually start my day at sunrise / at dawn.

나는 보통 일몰 / 해질녘에 일을 마친다.

= I finish my work usually at sunset / at dusk.

(OR) My work finishes (OR ends) usually at sunset / at dusk.

2 Time = dates / days / months / seasons: 날짜 / 요일 / 달 / 계절

A What date is (it) today? = What's the date today? = What is today's date?

= 오늘 며칠이야?

B (It's / Today's) the 5th. = 5일이야.

(It's / Today's) May (the) 5th (OR the 5th of May). = 5월 5일이야.

using 'it' OR 'non-referential it' to talk about dates and days

it은 앞의 명사(noun) 또는 명사구(noun phrase)를 다시 지칭할 때 사용하는 대명사(pronoun) it이 있고, 앞의 명사(구)를 지칭하지 않고 문장의 문법적인 주어 자리만 채워주는 non-referential 'it'이 있다. 예를 들어, '날짜, 요일'을 나타낼 때 영어에서는 non-referential 'it'을 사용하여 문장의 주어 자리를 채울 수 있다.

→ **(dates)** 1일 = the first, 2일 = the second, 3일 = the third, 4일 = the fourth, 5일 = the fifth, 6일 = the sixth, 7일 = the seventh, 8일 = the eighth, 9일 = the ninth, 10일 = the tenth, 11일 = the eleventh, 12일 = the twelfth, 13일 = the thirteenth, 14일 = the fourteenth, 15일 = the fifteenth, 20일 = the twentieth, 21일 = the twenty first, 22일 = the twenty second, 23일 = the twenty third, 24일 = the twenty fourth, 25일 = the twenty fifth

\+ **(months)** 1월 = January (Jan.), 2월 = February (Feb.), 3월 = March (Mar.), 4월 = April (Apr.), 5월 = May (May), 6월 = June (Jun.), 7월 = July (Jul.), 8월 = August (Aug.), 9월 = September (Sept.), 10월 = October (Oct.), 11월 = November (Nov.), 12월 = December (Dec.)

A What day is today? = What day is it today?

= 오늘 무슨 요일이지?

B (It's / Today's) Monday / Tuesday / Wednesday / Thursday / Friday / Saturday / Sunday.

= 오늘은 월요일 / 화요일 / 수요일 / 목요일 / 금요일 / 토요일 / 일요일이야.

Tomorrow / the day after tomorrow / next week / next month, I'm going to see the / a dentist.

= 내일 / 모레 / 다음 주 / 다음 달에 저는 치과에 갈 거예요.

article choice: see the dentist vs. see a dentist

see **the** dentist (OR go to **the** dentist) = 치과에 가다

→ 특정한 의사를 염두에 두고 있을 때 사용하는 표현 (예를 들어 치과적인 문제가 있을 때마다 정기적으로 진료를 받는 의사가 있을 때), 하지만 특정한 의사를 염두에 두고 있지 않아도 the dentist로 사용 가능

(used when you have a particular dentist in mind; someone you see often whenever you have a dental problem, but can also be used when you don't have a particular dentist in mind)

(vs) see **a** dentist (OR go to **a** dentist) = 치과에 가다

→ 특정한 의사를 염두에 두고 있지 않을 때 사용하는 표현

(used when you don't have a particular dentist in mind; a random dentist)

Yesterday / the day before yesterday / last week / last month, I went to the / a dentist.

= 어제 / 그저께 / 지난 주 / 지난 달에 나는 치과에 갔다.

A What's your favorite season?

= 가장 좋아하는 계절은 언제야?

B My favorite season is spring / summer / fall (autumn) / winter.

= 봄 / 여름 / 가을 / 겨울이야.

3 **Time = prepositions of time, 'in / on / at':** 시간 관련 전치사 'in / on / at'

→ in (general) 〉 on (quite general) 〉 at (more specific)

3-1 In (general)

In the (near) future / in the present / in the past = (가까운) 미래에 / 현재에 / 과거에

In the 20th century / in the 90s / in 2040 = 20세기에 / 1990년대에 / 2040년에

In spring / in summer / in fall (autumn) / in winter = 봄 / 여름 / 가을 / 겨울에

In March = 3월에

In the morning / in the afternoon / in the evening / **at** night = 오전 / 오후 / 저녁 / 밤에

3-2 On (less general than 'in' but quite general)

On the 10th / on the 15th / On his birthday

= 10일에 / 15일에 / 그의 생일날에

On Monday / On Friday evening / On Saturday afternoon

= 월요일에 / 금요일 저녁에 / 토요일 오후에

On Christmas Day / On New Year's Day / On Thanksgiving Day / On Halloween Day / On Easter Sunday = On Easter Day → on = one day

= 크리스마스 날에 / 새해 첫날에 / 추수 감사절 날에 / 할로윈 날에 / 부활절 일요일에

→ (short forms) On Christmas / On New Year's / On Thanksgiving / On Halloween / On Easter

3-3 At (specific times)

At 10am / at noon / at midnight / at lunchtime / at sunrise / at the moment (= right now)

= 10시에 / 정오에 / 자정에 / 점심 시간에 / 일출에 / 바로 지금 (지금 당장)

A What are you up to?

= 지금 뭐해? (= What are you doing right now[1])?

B I'm working atm. (= I'm working at the moment.)

= 지금 일하고 있는 중

B Studying for a big test atm.

= 중요한 시험이 있어서 공부 중

→ atm = usually used in text messages or on social media

At Christmas (time)

= any time during the whole Christmas holiday → at = period of time

= 크리스마스 시즌 (보통 12월 내내) 중 어느 때에, 어느 날에

At Thanksgiving (time)

= any time during the whole Thanksgiving holiday → at = period of time

= 추수 감사절 시즌 중 어느 때에, 어느 날에

At Easter (time)

= any time during the whole Easter holiday → at = period of time

= Easter 시즌 또는 기간 중 어느 때에, 어느 날에

the phrases, 'At Christmas' vs. 'On Christmas'

I'll see you **at Christmas (time)**. = at some time during the Christmas holiday

크리스마스 시즌 중 어느 때에, 어느 날에 만나요.

(vs) I'll see you **on Christmas (Day)**. = on the exact Christmas day (= the 25th)

크리스마스 날에 (= 25일에) 만나요.

1 What are you up to?는 상황에 따라서는 What are you doing these days?의 의미로도 사용됨.

4 **Place = prepositions of place, 'in / on / at':** 장소 관련 전치사 'in / on / at'

→ in (general) 〉 on (quite general) 〉 at (more specific)

4-1 In (general)

I lived in Seoul, South Korea, but now I'm living in Singapore.

= 저는 한국의 서울에서 살았는데, 지금은 싱가포르에서 살고 있어요.

→ in + cities, countries (도시, 국가)

The other day, I met a friend in Seongsu-dong, a trendy neighborhood in Seoul.

= 며칠 전, 서울의 핫한 동네인 성수동에서 친구를 만났다.

→ in + neighborhoods, large areas (동네와 같은 넓은 지역)

In a taxi (OR a car) / in the classroom / in the house (OR the apartment) / in the box

= 택시 (자동차) 안에 / 교실 안에 / 주택 (아파트) 안에 / 상자 안에

→ in + enclosed spaces (사방이 막힌 공간)

예 I'll meet you in the store. = 가게 안에서 만나요. → in = inside (안에서)

I read an interesting article in a newspaper / in the Times / in a magazine.

= 신문 / 타임즈 신문 / 잡지에서 흥미로운 기사를 읽었어.

→ in + newspapers, magazines (신문, 잡지)

Did you look up the word in a dictionary?

= 그 단어, 사전에서 찾아 봤어?

→ look something up = (phrasal verb) 사전, 참고자료, 컴퓨터 등에서 정보 등을 찾아보다

4-2 On (less general than 'in' but quite general)

I live on Green Street / on Fifth Avenue / on Wangsimni-ro.

= 나는 Green가 / 5번가 / 왕십리로에 산다.

→ on + streets, avenues, roads (도로명: ~가, ~로)

The mosquito is on the table / on the floor / on the wall / on the ceiling.

= 모기가 테이블 위에 / 바닥에 / 벽 위에 / 천장에 있다.

→ on + surfaces (면)

I live on the first floor / on the top floor.

= 저는 1층에 살아요 / 꼭대기 층에 살아요. → on + surfaces (면)

On a train / on a bus / on a plane / on the subway

= 기차 안에 / 버스 안에 / 비행기 안에 / 지하철 안에

→ on + public transportations (설 수 있는 대중 교통 수단)

On the TV / on the Internet / On the radio / On the news

= 텔레비전에서 / 인터넷에서 / 라디오에서 / 뉴스에서 → on + the media (대중 매체)

예 I was on the TV / on the radio last night. Did you see / hear me?

= 나 어제 밤에 텔레비전 / 라디오에 나왔는데, 봤어 / 들었어?

I saw the accident on the (8 o'clock) news / on the Internet.

= 나 그 사고, (8시) 뉴스에서 / 인터넷에서 봤어.

4-3 At (specific places)

I live at 20 on Green Street / at 220 on Wangsimni-ro.

= 저는 Green가 20번 / 왕십리로 220번에 살아요. → at + specific number addresses (숫자 주소)

(20은 twenty 또는 two zero로, 220은 two twenty 또는 two two zero로 발음 가능)

I'll meet you at the bus stop / at the tree by my house.

= 버스 정류장에서 (정류장 근처에서) / 우리 집 옆의 나무에서 (나무 근처에서) 만나요.

→ at + specific locations (구체적인 장소)

at = close to (~에서, ~ 근처에서)

I'll meet you at the store / at the coffee shop / at the museum / at the bakery / at the theater.

= 가게 / 커피숍 / 박물관 / 빵집 / 극장 밖(의 앞)에서 또는 안에서 만나요.

→ at + specific locations (구체적인 장소)

at = outside (out front) OR inside (밖 또는 안에서)

The other day, I went shopping and bought a shirt at E-mart.

= 요전날 쇼핑하러 가서 이마트에서 셔츠 하나 샀어.

→ at = inside (O), outside (X)

(vs) The other day, I went shopping and met a friend at E-mart.

= 요전날 쇼핑하러 가서 이마트 밖(의 앞)에서 또는 이마트 안에서 친구 만났어.

→ at = outside OR inside

I'm sitting at a desk / at a table.

= 저는 책상(앞)에 / 테이블(앞)에 앉아 있어요.

= I'm sitting in a chair and the desk / table is in front of me.

→ at = in front of (~ 앞에)

(vs) I'm sitting on a desk / on a table.

= 저는 책상 위에 / 테이블 위에 앉아 있어요.

= I'm sitting on top of the desk / the table.

→ on = on top of (~ 위에)

5 Place = prepositions of place, 'in here, in there / on here, on there'

: 'in here, in there / on here, on there' 표현

Put the books in here / in there.

= 여기에 책 넣어 / 저기에 책 넣어.

= Put the books in this box / in that box, etc.

= 이 박스 안에 책 넣어 / 저 박스 안에 책 넣어.

→ in here / in there = in three dimensional or enclosed spaces (입체적인, 밀폐된 공간)

It's hot in here / in there.

= 여기 덥네 / 저기 더워.

= It's hot in this room / in that room, etc.

= 이 방 덥네 / 저 방 더워.

It's dark in here / in there.

= 여기 어둡네 / 저기 어두워.

= It's dark in this room / in that room, etc.

= 이 방 어둡네 / 저 방 어두워.

(The speaker pointing to the door of a room, store, etc.: 어떤 방, 가게의 문을 가리키며)

그는 여기 (= 이 방, 이 가게 안에) 있어 / 그는 저기 (= 저 방, 저 가게 안에) 있어.

= He's in here / in there.

= He's in this room / in this store / in that room / in that store, etc.

책은 여기에 (= 이 테이블 위에) 둬 / 책은 저기에 (= 저 테이블 위에) 둬.

= Put the books on here / on there.

= Put the books on this table / on that table, etc.

→ on here / on there = on a surface ((면) 위에)

6 Place = other prepositions of place: 장소 관련 기타 전치사 표현들

The store is near (OR close to) / next to (OR beside) the coffee shop.

= 그 가게는 커피숍 근처에 / 커피숍 옆에 있어요.

→ near A = close to A = A 근처에

next to A = beside A = A 옆에

The store is between the bookstore and the coffee shop.

= 그 가게는 서점과 커피숍 사이에 있어요.

→ between A and B = A와 B 사이에

The store is in front of / behind (OR in the back of) the coffee shop.

= 그 가게는 커피숍 앞에 / 커피숍 뒤에 있어요.

→ in front of A = A 앞에

behind A = in the back of A = A 뒤에

The store is across from (OR opposite) the skyscraper.

= 그 가게는 고층 빌딩 맞은편에 있어요.

→ skyscraper = (noun) 고층 건물

across = across the street = 도로 맞은편에

across from A = opposite A = A 맞은편에

The store is on the corner of Green Street and Fifth Avenue.

= 그 가게는 Green가와 5번가의 코너에 위치해 있어요.

→ on the corner of A and B = A와 B의 코너에

2 Idioms and proverbs

1 Time flies

= 시간이 쏜살같다, 세월은 유수와 같다 = time passes extremely quickly

예 A Wow, it's already June. Where did the time go? = How time flies.

= 와, 벌써 6월이네. (그 많아 보이던) 시간이 어디로 간 거야?

B Yeah, time flies.

= 그래, 시간 참 빠르게 가네.

2 Around the clock

= 24시간 내내 쉬지 않고 온종일 밤낮으로 = for 24 hours, without stopping

예 Is there a drugstore that is open around the clock near here?

= 이 근처에 24시간 문을 여는 약국이 있나요? → near here = 이 근처에

word order differences between Korean and English

(한국어 어순) 이 근처에 24시간 문을 여는 (수식어) + 약국 (피수식어)

(영어 어순) a drugstore (피수식어) + **that** is open around the clock near here (수식어)

→ that = a drugstore / that = '주격' 관계대명사; a drugstore가 is open의 주어이므로

(Ch. 2) The other day at work, I misinterpreted an order in English **that** was faxed.

= 며칠 전 회사에서 나는 팩스로 온 영문 주문을 잘못 해석한 일이 있었다.

→ that = an order in English

/ that = '주격' 관계대명사; an order in English가 was faxed의 주어이므로

3 Call it a day / Call it a night (informal)

Call it a day

= 하루 중에 하던 일을 그만하고 끝내다

= stop what you have been doing because you think you have done enough or you do not want to continue

Call it a night

= 저녁이나 밤에 하던 일을 그만하고 끝내다

= stop what you have been doing in the evening or night because you think you have done enough or you do not want to continue

예 I can't focus any more. My brain's not working (OR functioning). I'm just going to call it a day / call it a night and pick up where I left off tomorrow.

= 더 이상 집중이 안 되네. 뇌가 작동하지 않아. 오늘은 / 오늘 밤은 그냥 여기서 끝내고 내일 오늘 끝냈던 부분에서 다시 시작해야겠다.

→ pick up where someone left off = 이전에 그만 둔 시점에서 다시 시작하다

4 (Just) in the nick of time (informal)

= 아슬아슬하게, 거의 딱 맞춰서 (무엇을 끝내다, 어디에 도착하다 등)

= just before the last moment; arrive or finish something before it is too late

예 The South Korean team won! They scored in the nick of time!

= 한국 팀이 이겼어요! 경기가 끝나기 직전에 아슬아슬하게 골을 넣었어요!

I got to the train station just in the nick of time. I didn't miss my train.

= 간신히 기차역에 제시간에 도착해서 기차를 놓치지 않았어.

5 **A stone's throw (away) (from something)**

= 매우 가까운 거리에 있는 = be very close to something

예 A Where's your new place?

= 이사간 곳은 어디예요?

B It's just a stone's throw (away) from the shopping mall / from here.

= 쇼핑몰에서 굉장히 가까워요. / 여기서 굉장히 가까워요.

→ from here = 여기에서

3 Phrasal verbs: hang out / get together / put ... back (OR) put back ... / push ... back (OR) push back ...

1 **Hang out** = 어울리다, 놀다 (= spend time relaxing or socializing)

Get together = 모여서 시간을 함께 보내다 (= meet someone and spend time together)

예 I haven't seen you for ages. Why don't we hang out / get together this weekend?

= 우리 오랫동안 못 봤는데 이번 주말에 같이 놀까 / 모일까?

→ for ages = for a very long time / 오랫동안

2 **Put ... back (OR) put back ...** = 무엇을 다시 제자리에 갖다 놓다 (= return)

예 Please put the shopping carts back when you're done with them.

= 쇼핑 카트를 다 사용한 후에는 다시 제자리에 놓아 두시기 바랍니다.

3 **Push ... back (OR) push back ...** = 시간, 날짜 등을 미루다, 연기하다 (= postpone)

예 I was going to go on a family trip this weekend, but I think I'll need to push it back.

= 이번 주말에 가족 여행 가려고 했었는데 연기해야 될 것 같아.

→ go on a trip = 여행가다 / it = a family trip

4 Variety: September 8 vs. 8 September

How to write and say 'the date' in American vs. British English

예를 들어, '2040년 9월 8일'은 영어로 어떻게 쓸까요?

→ **American English**: month (월) - day (날짜) – year = September 8, 2040

(vs) **British English**: day (날짜) - month (월) – year = 8 September 2040

'2040년 9월 8일'은 영어로 어떻게 말할까요?

→ **American English**: September, (the) 8th, 2040 (OR the 8th of September, 2040)

(vs) **British English**: the 8th of September, 2040

→ 2040은 twenty forty 또는 two thousand forty로 발음 가능

Q **If you are in the US**, and see this number (09 / 08 / 2040), what does it mean?

➡ September, (the) 8th, 2040 = 2040년 9월 8일

(vs) **If you are in the UK**, and see this number (09 / 08 / 2040), what does it mean?

➡ the 9th of August, 2040 = 2040년 8월 9일

5 Breaking words into parts: suffix (-ish)

base word + [-ish] = slightly, somewhat, about, around

Yellow (**noun** **adjective** 노란색, 노란색의) + -ish = yellowish (**adjective** 노르스름한)

예 (Woman to a hairdresser: 여자 손님이 헤어 디자이너에게)

I'd like to get a boyish haircut.

= 보이쉬한 스타일로 잘라 주세요. → boyish = looking like a boy

He's tallish (= slightly tall = kind of tall) and I think he's probably fiftyish (= about, around 50).

= 그 분은 키가 좀 크시고 그리고 아마 쉰 살쯤 되신 것 같아.

A What time is it? = 몇 시야?

B It's 7ish = about 7 = around 7. = 7시쯤 됐어.

What color necktie does this shirt go with? The greenish one? (= slightly, somewhat green) → one = necktie

= 어떤 색의 넥타이가 이 셔츠에 어울려? 푸른색이 도는 넥타이?

the verb, 'go'

What color necktie does this shirt **go** with? = 어떤 색의 넥타이가 이 셔츠에 어울려?

(Ch. 8) Thinking of what to wear to work, my new dress came to mind. So, I decided to wear it (= my new dress) with my mint green low heel sandals. They (= my new dress and mint green low heel sandals) seemed to **go** together well.

= 회사에 뭘 입고 갈까 생각하다가 새로 산 원피스가 떠올랐어요. 그래서 그 원피스랑 민트 그린 색의 굽이 낮은 샌들을 신기로 했어요. 잘 어울리는 것 같았어요.

6 Confusing aspects of English: do you have time? vs. do you have the time?

한국어는 '관사(article)'가 존재하지 않는다. 하지만 영어는 관사가 존재하는 언어로, a 또는 an과 같은 '부정관사(indefinite article)'와 the와 같은 '정관사(definite article)'로 구성되어 있다. 따라서 영어는 관사의 유무에 따라 그리고 관사가 사용되는 경우에는 어떤 관사가 사용되는지에 따라 의미 또한 달라진다.

Do you have time? = 시간 있어요?

예 Do you have **time**? I need to talk with you.

= 지금 시간 돼? 너랑 얘기 좀 해야 되는데.

→ Are you free now?

Do you have the time? = 몇 시인지 아세요?

예 A Excuse me. Do you have **the time**?

= 실례지만, 몇 시인지 아세요?

→ What time is it?

B Yes, I do. Hold on. It's 7: 30.

= 네, 잠깐만요. 7시 30분이에요.

1 Fluency developments with dialogs

1 상황) 두 형제 / 자매가 차 안에서 – 한 명은 차 밖의 커피숍을 가리키며

A Let's go grab some coffees from over there.

저기 커피숍에 가서 커피 좀 빨리 사오자.

→ go grab = go + 'verb' (basic verb form) = (informal) 가서 ~(verb)하다

from over there = from the coffee shop over there = 저 곳에 있는 커피숍에서

A 아니면 차 안에서 기다릴래? 네 것도 사올게.

= Or will you wait (in) here? I'll get you something.

→ get = buy and bring

B Um.... I'll be (in) here, and can you get me a short hot flat white, please?

음 ... 나는 여기 있을게. 나는 숏 사이즈로 따뜻한 플랫 화이트 한 잔 사 올래?

→ get = buy and bring

2 상황) 지인과의 대화

A When is your birthday?

생일이 언제에요?

B 곧 생일이에요. 내일 모레요.

= Oh, it's just around the corner – the day after tomorrow.

A Wow. Are you going to do something exciting?

와, 뭐 신나는 것 할거예요? → (NOT) exciting (수식어) + something (피수식어)

B Not really. Actually, I'm not thrilled about it.

아니오. 사실은 별로 신나지 않아요.

A Why not?

왜요?

B Well, I'm turning 40. I feel old.

마흔 살이 되거든요. 늙었다는 생각이 들어요.

→ turn + 'noun' (나이) = 몇 살이 되다

3 상황) 친구와의 대화

A Hey, do you have time this Friday night? (= Are you free this Friday night?)

이번 주 금요일 밤에 시간 돼?

A 우리 바비큐 하고 놀 건데.

____

= We're going to have a barbecue and just hang out.

B (놀 수가) 없어. 이번 주 내내 일해야 돼.

____

= I can't. I'll be working around the clock all week.

→ I can't. = I can't hang out.

I'll be working = I will be working = (future progressive) will + be + verb-ing

= 미래 특정 기간에 일어나고 있을 일 묘사

B I have a report to turn in at work by next Monday.

회사에서 다음 주 월요일까지 보고서 제출해야 되는 게 있거든.

→ turn something in = (phrasal verb) ~을 제출하다

by ~ = (prep.) ~까지, ~안으로

2 Fluency developments in sentences

1 버스 정류장에서 만나요.

= I'll meet you at the bus stop.

2 (문자 메세지로) 나 지금 일하고 있는 중이야.

= I'm working atm.

= ………………… at the moment.

3 실례지만 몇 시인지 아세요? (= 실례지만 몇 시인가요?)

= Excuse me. Do you have the time?

= ………………… What time is it?

4 그 가게는 고층 빌딩 맞은편에 있어요.

= The store is across from the skyscraper.

= ………………… opposite ……………………….

5 만약 당신이 어떤 일을 가볍게 받아 들이면 그 일은 종종 대수롭지 않은 일이 됩니다.

= If you take things lightly, they often become, not a big deal.

CHAPTER 12

The Theme

Weather and Natural Disasters

Language in context: 'nice weather, we're having, huh?'

상대방이 의도한 의미를 정확히 이해하려면 단어의 사전적 의미에서 벗어나 해당 담화가 발생한 상황 또는 맥락을 고려하는 것이 중요하다. 예를 들어 화자가 nice weather, we're having, huh? 문장을 화창한 날씨에서 발화하였다면 이 때의 nice는 beautiful를 의미하겠지만 불쾌한 날씨 상황에서 사용하였다면 nice는 awful를 의미하는 것으로 화자가 상황을 재미있게 표현하기 위해 반어적인 화법을 사용한 것으로 이해하는 것이 적절하다.

1 Meaning-focused task: Listen to OR read the story

The nights are getting longer, and the days are getting shorter. As it's getting cooler, the warm nights of summer are ending, and fall is in the air. In the fall, temperatures change so much that it gets tough to know what to wear for the day. Still, my favorite time of year is fall. I love seeing the changing colors of the leaves, so I go leaf peeping often. Seeing these changing colors of the trees, turning from green to gold, orange, red, or brown, makes me think about life. I think life is just like the changing leaves of the fall or like the changing four seasons. We are born, grow older, get sick, and inevitably die. Nature is the same way. Leaves also change their shapes, colors, and positions from season to season. As it gets close to winter, they turn dull, wrinkle, and eventually fall off the trees. So, it seems there's nothing in life that lasts forever. It also seems that in the fall, I get a bit sentimental and tend to get reflective. Well, enough about me. What about you? What is your favorite season?

Q1 What season is the speaker in?

화자가 있는 계절은 어느 계절인가요?

➲ The speaker is in the fall season.

화자의 계절은 가을입니다.

Q2 What's the temperature like in the fall?

가을은 기온이 어떠한가요?

➲ The temperatures change so much in the fall.

가을에는 기온 변화가 심합니다.

Q3 What does the speaker relate the four changing seasons to?

화자는 변화하는 사계절을 무엇과 연결 짓고 있나요?

➲ The speaker relates the four changing seasons to our lives.

화자는 사계절의 변화를 우리의 삶과 연결 짓고 있습니다.

2 Language-focused task: Translate the Korean into English

1 밤은 점점 길어지고, 낮은 점점 짧아지고 있네요.

= The nights are getting longer, and the days are getting shorter.

2 날씨가 선선해지면서 따스한 여름밤이 지나고 가을 기운이 완연합니다.

= As it's getting cooler, the warm nights of summer are ending, and fall is in the air.

→ something is in the air = something is happening or about to happen

(어떤) 기운이 감돌다

using 'it' OR 'non-referential it' to talk about the weather

'날씨'를 나타낼 때 영어에서는 non-referential 'it'을 사용하여 문장의 주어 자리를 채울 수 있다.

the conjunction, 'as'

(Ch. 7) As I get older, it feels like my tastes also change. → as + 'subject + verb'

= 나이가 들면서 입맛도 변하는 것 같아.

3 가을에는 기온 변화가 심해 그날그날 무엇을 입어야 할지 애매해지죠.

= In the fall, temperatures change / fluctuate so much that it gets tough / difficult to know what to wear for the day.

the phrase, 'what + to verb'

It gets tough / difficult to know what to wear for the day.

= 무엇을 입을 지 / 입을 것

(Ch. 8) Thinking of what to wear to work, my new dress came to mind.

= 무엇을 입을 지 / 입고 갈 것

the construction, 'it is (OR it gets) + adjective + to verb (OR to infinitive)'

be-verb 대신에 get도 'it ... adjective ... to verb' 구조의 '동사'로 사용 가능하다.

→ **It gets + 'adjective' + 'to verb'** = ~(verb)하는 것이 ~(adjective)해지다

It gets tough / difficult to know what to wear for the day.

= 그날그날 입을 것을 아는 것은 힘들어**진다**, 어려워**진다**. → **get = become = ~해지다**

(vs) (Ch. 9) **It's** sometimes difficult to focus on my work.

= 일에 집중하는 것이 가끔 힘들**다**. → **is = be = ~이다**

(Ch. 10) **It's** not easy to get a job.

= 일자리를 구하는 것은 쉽지 않**다**.

4 그래도(그럼에도 불구하고) 제가 가장 좋아하는 계절은 가을이에요.

= Still, my favorite time of year is fall. = Still, my favorite season is fall.

→ still = (conjunctive adverb) 그럼에도 ('3번 문장의 내용'을 의미) 불구하고

앞의 문장과 뒤의 문장을 연결하는 접속사 역할을 하는 부사로, 문장 앞에 위치

one word with different functions: the word, 'still'

(Ch. 4) So she is not as energetic as before. But she is still very giving and supportive of me.

= 그래서 예전만큼 활동적이시지는 않으세요. 그래도 여전히 끊임없이 주시려 하고 제게 힘이 되어 주세요.

→ still + 'adjective' (giving)

(Ch. 6) Is the boy still giving you a hard time at school?

= 아직도(여전히) 그 애가 학교에서 널 괴롭혀?

→ still + 'verb' (give)

(Ch. 9) (Doctor to patient) You still look skinny. Have you been eating well?

= 여전히 너무 말랐는데요. 식사는 잘 하시고 있나요?

→ still + 'verb' (look)

(Ch. 10) You know, I still have one semester to go, but I got this job, which is super exciting, and I'm really grateful for it.

= 아빠도 아시다시피 (졸업하려면) 아직(여전히) 한 학기는 더 다녀야 하는데 이렇게 취직을 해서 너무 신나고 너무 감사해요.

→ still + 'verb' (have)

(Ch. 10) Japan is still using faxes a lot in business. They're way behind (the curve) in this respect.

= 일본은 여전히 비즈니스 상에서 팩스를 많이 사용하고 있습니다. 이 점에서 일본은 굉장히 뒤쳐져 있습니다.

→ still + 'verb' (use)

(Ch. 12) I had some terrible experiences in my childhood, and I'm in my thirties now, but the memories still haunt me.

= 어린 시절 저는 끔찍한 일들을 경험했고 지금은 30대가 되었지만 아직도(여전히) 그 기억들이 저를 괴롭히고 있습니다.

→ still + 'verb' (haunt)

5 저는 단풍이 물드는 모습을 좋아해요. 그래서 단풍 구경을 자주 가죠.

= I love seeing the changing colors of the leaves, so I go leaf peeping often.

→ love + verb-ing = ~하는 것을 매우 좋아하다

the verb, 'go' used with 'verb-ing'

So I go leaf peeping often.

= 그래서 단풍 구경을 자주 가죠.

→ go + verb-ing = ~(verb)하러 가다

peep = (verb) look very quickly at something or someone

무엇, 누군가를 살짝 보다

(Ch. 3) Why don't we go shopping after lunch?

= 점심 식사 후에 쇼핑 하러 갈래?

6 녹색에서 금색, 오렌지색, 빨강색, 또는 갈색으로 물드는 나무의 색을 보면 저는 삶에 대해 생각하게 돼요.

= Seeing these changing colors of the trees, turning from green to gold, orange, red, or brown, makes me think about life.

→ turn from A to B = A에서 B로 변하다

verb-ing OR gerunds used as subjects

Seeing these changing colors of the trees makes me think about life.

= 이렇게 변해가는 나무들의 색을 **보는 것은 나를** 인생에 대해 **생각하게 만든다.** (영어식 표현)

→ 이렇게 변해가는 나무들의 색을 **보면** 인생에 대해 **생각하게 된다.** (한국어식 표현)

(NOT) **See** these changing colors of the trees makes me think about life.

7 인생도 가을의 변화하는 나뭇잎 또는 변화하는 사계절과 같다는 생각이 들거든요.

= I think (that) life is just like the changing leaves of the fall or like the changing four seasons.

the phrase, 'just like'

I think life is just like the changing leaves of the fall.

= 인생도 가을의 변화하는 나뭇잎들과 똑같다는 생각이 들어요.

→ just like + 'noun phrase' = ~와 똑같은 / just = exactly, precisely (정확히, 딱, 꼭)

(Ch. 9) My husband is just like that.

= 내 남편이 딱 그렇거든요.

8 우리는 태어나서 나이가 들고 (또는 늙어가고) 병들어가고 필연적으로 죽죠.

= We are born, grow older / get older, get sick, and inevitably die.

→ inevitable = (adj.) 피할 수 없는, 필연적인

필연적으로 = (adv.) inevitably = inevitable (adj.) + -ly (형용사를 부사로 만드는 suffix)

9 자연도 마찬가지입니다.

= Nature is the same way.

10 나뭇잎도 계절 따라 모양이 변하고 색이 변하고 위치도 변하죠.

= Leaves also change their shapes, colors, and positions from season to season.

the phrase, 'from A to A' OR 'from A to B'

from season to season → from A to A = 계절에서 계절로, 철철이, 철 따라

(Ch. 5) At work, I take the stairs to move / get from floor to floor. → from A to A

= 직장에서는 계단을 이용해 층을 (= 층에서 층으로) 이동해요.

(Ch. 12) Seeing these changing colors of the trees, turning from green to gold, orange, red, or brown, makes me think about life. → from A to B

= 녹색에서 금색, 오렌지색, 빨강색, 또는 갈색으로 물드는 나무의 색을 보면 저는 삶에 대해 생각하게 돼요.

11 겨울에 가까워지면서 잎들은 색이 바래지고 쪼글쪼글해지며 결국은 나무에서 떨어집니다.

= As it gets close to winter, they turn dull, wrinkle, and eventually fall off the trees. → they = the leaves

→ As it gets close to winter, they (= the leaves) turn dull.

turn + 'adjective' = ~한 상태로 변하다 → turn dull 외에도 go dull, get dull도 가능

(Ch. 11) I'm turning 40. = 곧 마흔이 돼요.

→ turn + 'noun' (age) = 나이가 ~살이 되다

the phrase, 'close to'

close to + 'noun phrase (명사구)' = (시간상, 거리상으로) ~에 가까운

As it gets close to winter, the leaves turn dull.

= 겨울에 가까워지면서 잎들은 색이 바래진다. → (시간상) ~에 가까운

(Ch. 1) Don't come close to me, please. I have a cold.

= (제게) 가까이 오지 마세요. 감기 걸렸어요. → (거리상) ~에 가까운

one word with different parts of speech: the word, 'wrinkle'

As it gets close to winter, **the leaves** wrinkle.

= 겨울에 가까워지면서 잎들은 쪼글쪼글해진다.

→ 주어(the leaves) 뒤에 '동사'로 사용된 wrinkle

(Ch. 9) I **have** a few wrinkles on my face.

= 저는 얼굴에 주름이 좀 있어요.

→ 동사(have) 뒤에 '명사'로 사용된 wrinkle

the core meaning of the word, 'off'

As it gets close to winter, the leaves eventually fall off the trees.

= 겨울에 가까워지면서 잎들은 결국 나무에서 떨어진다.

→ fall off something = ~에서 떨어지다 → **off의 핵심적인 의미는 '분리'의 개념**

(Ch. 2) It's so hot today. Jenny must be hot, too. Honey, will you take her jacket **off**?

= 오늘 너무 더운데. Jenny도 (틀림없이) 덥겠다. 여보, Jenny 재킷 벗겨 줄래요?

(Ch. 2) Please take **off** your shoes before you come in.

= 들어올 때 신발 좀 벗어 줘.

(Ch. 7) (On the subway) This is me. (= This is my stop.) I'm getting **off** here.

= 여기가 제 정거장이에요. 저는 여기서 내려요.

(Ch. 10) What time are you getting **off** (work) tonight? I feel like having Sushi. Let's go out for dinner.

= 오늘 밤 몇 시에 퇴근해? 스시 먹고 싶은데 오늘 저녁은 밖에서 먹자.

(Ch. 10) These days abroad, products of Korean companies are flying **off** the shelves.

= 요즘 해외에서 한국 기업의 제품들이 불티나게 팔리고 있어요.

(→ 진열대에서 분리되어 날라 다니다)

12 그래서 우리 삶에서 영원한 건 없는 것 같아요.

= So, it seems there's nothing in life that lasts forever.

→ it seems + (that) 'subject + verb' = ~(subject + verb)하는 것 같다

word order differences between Korean and English

(한국어 어순) 영원히 지속되는 (수식어) + 것 (피수식어)

(영어 어순) something (피수식어) + **that** lasts forever (수식어) → 'relative clause'의 형태

→ 영원히 지속되는 것은 있다. = There's something that lasts forever.

영원히 지속되는 것은 없다. = There's nothing that lasts forever.

(Ch. 11) 이 근처에 24시간 문을 여는 약국이 있나요?

= Is there a drugstore **that** is open around the clock near here?

→ a drugstore를 수식하는 '주격' 관계대명사절의 형태

13 또한 가을에는 제가 좀 감상적이고 사색적이 되는 것 같네요.

= It also seems that in the fall, I get a bit sentimental and tend to get reflective.

→ tend + to 'verb' = ~하는 경향이 있다

reflective = (adjective) thinking deeply about things

the construction, 'it seems + (that) subject + verb'

So, it seems there's nothing in life that lasts forever.

= 그래서 우리 삶에서 영원한 건 없는 것 같아요.

→ it seems + (that) 'subject + verb'

It also seems that in the fall, I get a bit sentimental and tend to get reflective.

= 또한 가을에는 제가 좀 감상적이고 사색적이 되는 것 같네요.

→ it seems + that 'subject + verb'

14 저에 대해서는 충분히 말을 한 것 같아요. 여러분은 어떠세요? 어떤 계절을 가장 좋아하시나요?

= Well, enough about me. What about you? What is your favorite season?

1 Theme study: weather and natural disasters

1 Weather = 'it' (non-referential 'it') + 'adjectives' / 'verbs' / 'noun phrases': 'it' + '형용사' / '동사' / '명사구'

1-1 Spring: 봄

오늘 날씨가 맑네 / 와, 오늘은 구름 한 점 없네.

= It's clear today. / Wow, not a cloud in the sky today.

→ clear = (adj.) without clouds, etc.

오늘 공기가 상쾌하고 맑네.

= The air is crisp / fresh and clear today.

오늘 산들바람이 약간 불고 온화하다.

= It's a bit breezy and mild today.

→ breezy = (adj.) gently, pleasantly windy

밖에 비가 와.

= It's raining outside.

It's drizzling / sprinkling outside.

= 밖에 가랑비가 내려.

→ drizzle, sprinkle = (v.) rain lightly

오늘 하늘이 (먼지, 미세먼지, 연기 등으로) 뿌옜네.

= It's hazy today.

→ hazy = (adj.) not clear because of smoke, dust, etc. in the air

(폰으로 날씨 앱을 보면서 상대방의 질문에 답을 하는 상황)

A 일기 예보에서 내일 날씨 어떻다고 해?

= What does the weather forecast say for tomorrow?

→ the weather forecast = 일기예보

B 극심한 황사 / 극심한 미세먼지가 올 거래.

= It says there's going to be extreme yellow dust / fine dust.

→ it = 앞 문장의 the weather forecast

B 황사 경보 / 미세먼지 경보가 내려졌어.

= They've issued a yellow dust warning / fine dust warning.

→ they = the people working for the weather forecast = 기상청의 관계자들

the subject 'they' used generally OR to represent

(Ch. 5) (상황) 회사에서 동료와의 대화

A Have you heard?

들었어요?

B Have I heard what? = Heard what?

뭐요?

A You know that burger restaurant over there?

저기 있는 햄버거 가게 알죠?

B Yeah.

네.

A They're giving away hamburgers.

가게에서 햄버거를 공짜로 나눠주고 있대요.

→ they = the people working for that burger restaurant = 햄버거 가게 관계자들

오늘 안개가 끼였네, 자욱하네. 운전할 때 조심해. 안개등 켜고 운전해.

= It's foggy today. Be careful when driving. Drive with your fog lights on.

→ foggy = (adj.) have or filled with fog

→ drive with something on = ~을 켜고 운전하다

reducing adverbial clauses of time

main clause(주절)와 adverbial clause(부사절)의 주어가 동일한 경우 'conjunction(접속사) (예: before, after, while, when, since) + subject + verb'의 'subject + verb'는 'verb-ing'로 축약하여 사용 가능하다.

It's foggy today. Be careful when you drive. → when + 'subject + verb'

= It's foggy today. Be careful when driving. → when + verb-ing

= 오늘 안개가 끼였네, 자욱하네. 운전할 때 조심해.

(Ch. 10) We have / eat lunch while we have a meeting. → while + 'subject + verb'

= We have / eat lunch while having a meeting. → while + verb-ing

= 우리는 회의하면서 점심을 먹어요.

I hate (it) when my glasses get foggy. I can't see a thing!

= 나는 안경 뿌옇게 되는 거 정말 싫어. 앞이 하나도 안 보여!

→ I hate (it) + when 'subject + verb' = 나는 ~(subject + verb)하는 것이 너무 싫다

오늘 날씨는 대체적으로 맑겠으며 최고 기온 17도, 최저 기온 (섭씨) 7도가 되겠습니다.

= It will be mostly clear / sunny today, with a high of 17 and a low of 7 degrees (Celsius).

→ said by the weather person (기상 캐스터)

more examples

오늘은 대체적으로 / 부분적으로 흐리겠습니다.

= It will be mostly / partly (OR partially) cloudy today.

→ said by the weather person

오늘 소나기가 예상됩니다. / 오늘 소나기가 올 가능성이 70%가 됩니다.

= We're expecting showers today. / There's a 70% chance of showers today.

→ said by the weather person

1-2 **Summer**: 여름

오늘 화창하네.

= It's sunny today. It's a sunny day today. It's a sunny one today.

→ a sunny one = a sunny day

오늘 덥네.

= It's hot today. It's a hot day today. It's a hot one today.

오늘 엄청 덥네.

= It's boiling today. It's boiling hot today.

→ boiling = (adj.) very hot / boil = (verb) 물이나 액체가 끓다, 끓이다

= It's scorching today. It's a scorching one today. It's a scorcher today.

→ scorching = (adj.) very hot / a scorcher = a very hot day

오늘 날씨가 습하네.

= It's humid today.

→ humid = (adj.) having a lot of moisture in the air

오늘 날씨가 너무 끈적끈적거리네.

= It's sticky today.

→ sticky = (adj.) so humid that your clothes stick to your skin = 끈적끈적한, 달라붙는

오늘 날씨가 후텁지근하네.

= It's muggy today.

→ muggy = (adj.) warm or hot and humid

오늘 날씨가 매우 후텁지근하네.

= It's sultry today.

→ sultry = (adj.) very hot and humid

(A foreigner talking to a Korean on the phone: 외국인과 전화 상의 대화)

폭염이 한국을 강타하고 있다고 들었어요. 이런 폭염에서 어떻게 더위를 식히시나요?

= I heard a heat wave is hitting South Korea. How do you cool down during this unpleasant weather?

→ a heat wave = a period of unusually hot weather = 폭염

hit = (verb) have a bad effect

1-3 Fall (OR Autumn[1]) and Winter: 가을 and 겨울

(Between summer and fall: 여름과 가을 사이)

요즘 날씨가 점점 시원해지네.

= It's getting cooler these days.

가을에는 사과가 제철이죠.

= In the fall, apples are in season.

1 Fall은 미국식 영어이고 Autumn은 영국식 영어이다.

A 추위 잘 타세요?

= Do you get cold easily?

B 네, 저는 추위를 잘 타요.

= Yes, I do. = Yes, I get cold easily.

B 아니오, 저는 추위를 잘 안타요.

= No, I don't. = No, I don't get cold easily.

A 밖에 날씨가 어때?

= What's the weather like outside? → like = 'preposition' (전치사)

the construction, 'what is / was + subject + like?'

(Ch. 9) 그 사람 어떤 사람이야? 성격이 어때? = What's he like?

(Ch. 10) 첫 출근 날 어땠어요? = What was your first day of work like?

B 쌀쌀해. = It's chilly.

B 추워. = It's cold.

B 얼어 죽겠어. 두텁게 입어.

= It's freezing (OR freezing cold). Bundle up.

→ freezing (cold) = (adj.) extremely cold, below zero temperature

영하로 내려가는, 매우 추운

bundle up = (phrasal v.) with clothes, scarves, gloves, boots, etc.

(옷, 목도리, 장갑, 부츠 등 신어서) 따뜻하게, 두텁게 입다

B 바람이 꽤 불어.

= It's pretty windy.

바람이 세차게 불어.

= It's blustery. → blustery = (adj.) strongly windy 〉 pretty windy[2]

2 또는 '바람이 분다'를 표현 시 '바람'을 주어로도 사용 가능하다.
→ The wind is blowing outside. = 밖에 바람 불어.

(Looking out the window: 창 밖을 바라보면서)

오늘 구름이 많이 끼여 있네.

= It's cloudy today.

→ cloudy = (adj.) when the sky has many white, gray or dark clouds = 구름이 많이 낀

오늘 하늘이 구름으로 잔뜩 흐리네. 비 올 것 같아.

= It's overcast today. Looks like it's going to rain.

→ overcast = (adj.) when the sky is completely covered with gray or dark clouds ; not bright = 구름으로 완전히 뒤덮여서 흐린

(It) looks like + 'subject + verb'
= ~(subject + verb)인 것처럼 보이다 / like = 'conjunction' (접속사)

밖에 비가 엄청 쏟아지고 있어.

= It's pouring out there.

→ pour = (verb) rain heavily

= It's raining hard out there.

= It's a downpour out there.

→ downpour = (singular noun) a sudden heavy rain = 폭우

= There's a downpour out there.

밖에 비가 / 눈이 엄청 쏟아지고 있어.

= It's coming down like crazy outside.
(OR) It's really coming down out there.

→ come down = (phrasal verb) fall and land on the ground
it = either rain or snow
like crazy = (idiom) a lot or very quickly = (미친 듯이) 많이, 굉장히 기세로, 맹렬히

눈이 내리네. = It's snowing.

눈이 많이 내리네. = It's snowing hard.

one word with different meanings: the adverb, 'hard'

It's snowing **hard**.

= 눈이 많이 내리네.

(vs) (Ch. 8) I suddenly slipped and fell very **hard**.

= 갑자기 미끄러져 크게 넘어졌어요.

인도가 눈이 녹아 꽤 질퍽해.

= The sidewalk is pretty slushy.

도로가 얼었어. 블랙 아이스 조심해.

= The road is icy. Watch out for black ice.

→ watch out (for something / someone)

= (informal) be careful (about something / someone)

이곳 한국은 한파가 기승을 부리고 있어요. 당신이 있는 도시는 날씨가 어떤가요?

= We're having a cold snap here in South Korea. What's the weather like in your city?

→ a cold snap = a sudden short period of very cold weather = 한파

It's gloomy today. It's a gloomy day today. It's a gloomy one today.

= 오늘 날씨가 좀 우울하다.

→ gloomy weather makes you down or depressed

more examples

연중 이 맘 때 치고는 꽤 포근하네.

= It's quite mild for this time of year.

2 **Natural disasters = earthquakes / tsunamis / typhoons / tornadoes / flooding / wild fires / droughts / yellow dust / fine dust**

: 지진 / 쓰나미 / 태풍 / 토네이도 / 침수, 범람 / 산불 / 가뭄 / 황사 / 미세먼지

당신 나라에서는 지진이 발생하나요?

= Do you have earthquakes in your country?

당신 나라에서는 쓰나미 / 태풍 / 토네이도(회오리바람)가 발생하나요?

= Do you have tsunamis / typhoons / tornadoes in your country?

치명적인 침수(범람)가 이번 주 한국의 수도인 서울에 발생하여(강타하여) 적어도 10명의 사람들이 익사하였습니다.

= Deadly flooding hit Seoul, the capital of South Korea, this week, drowning at least ten people.

→ deadly = (adjective) likely to cause death = 치명적인

drown = (verb) 익사시키다

전 세계적으로 산불이 더 자주 발생하고 있고 산불의 규모가 (또는 피해 지역이) 더 커지고 있습니다.

= Globally, wild fires are breaking out more frequently and getting bigger.

→ break out = (phrasal v.) start suddenly / (안 좋은 일이) 발생하다, 발발하다

지구 온난화가 심화되면서 더 많은 지역이 극심한 가뭄을 겪고 있습니다. 가뭄은 더 자주 발생하고 기간도 더 길어지고 있습니다.

= With increasing global warming, more regions are experiencing severe droughts. They're becoming more frequent and lasting longer.

→ with (prep.) + 'noun phrase' = ~때문에, ~로 인해 (이유, 원인) = as a result of ~

2 Idioms and proverbs

1 **Be (OR) Feel under the weather (informal)**

= 몸이 안 좋다 = don't feel well; feel sick

예 (Texting to a coworker: 동료에게 문자를 하는 상황)

Hello Jason. I'm (feeling) under the weather. Can we call off the meeting today? I'm going to the doctor later today. I'm sorry for the short notice.

= 안녕 제이슨, 몸이 안 좋아서. 오늘 회의 취소할 수 있을까?

조금 있음 병원에 가. 갑작스럽게 이야기해서 미안해.

article choice: go to the doctor vs. go to a doctor

go to **the** doctor (OR see **the** doctor) = 병원에 가다

→ 아플 때 주로 진료를 받는 특정한 의사가 있음을 내포, 하지만 특정한 의사가 없어도 the doctor로 사용 가능

(vs) go to **a** doctor (OR see **a** doctor) = 병원에 가다

→ 특정한 의사를 염두에 두고 있지 않음을 내포하는 표현

2 **Be a breeze (informal) (OR) Be a piece of cake (informal)**

= 무엇이 매우 쉽다, 식은 죽 먹기 = be extremely easy

예 A Was the test difficult?

= 시험 어려웠어?

B No, it was a breeze. = it was a piece of cake.

= 아니, 엄청 쉬웠어.

3 **Take a rain check (on something) (informal)**

= 다음 기회로 미루다, 다음을 기약하다

= politely refuse an offer or invitation with the implication that one may accept it later

예 (To a friend the speaker will watch a movie with: 영화를 같이 보기로 한 친구에게)

Can I take a rain check on the movie this Sunday? My parents are coming over for the weekend.

= 이번 일요일에 보기로 했던 영화, 다음으로 미뤄도 될까? 부모님이 주말에 집에 오신다고 하네.

→ come over = (phrasal verb) visit someone at their place = 누구의 집을 방문하다, 들르다

4 **Break the ice / ice breaker**

= 회의, 파티 등을 시작할 때 어색한, 서먹서먹한 분위기를 깨다 / 그런 용도의 말, 것

= say or do something to make people feel more relaxed at a party or other social events

예 We're having a company dinner next Friday, and there're going to be some newcomers (= new employees) as well. So we need some activities to break the ice. Any good ideas?

= 다음 주 금요일에 회식이 있는데, 새로 입사한 직원들도 올 거야. 그래서 분위기 조성이 좀 필요한데. 좋은 생각 있어?

→ we need some activities to **break the ice** = we need some **ice breakers**

5 **Light at the end of the tunnel**

= 고생 끝의 낙

= the end of the difficult or unpleasant situation that you are in now

→ There's light (OR see the light) at the end of the tunnel의 표현으로 자주 사용

예 This is my final semester. I've been struggling so much with my school and work. I'm so glad that I can finally see the light at the end of the tunnel.

= 이번이 내 마지막 학기야. 그동안 학교 공부하랴 직장 다니느라 너무 힘들었는데 드디어 고생의 끝이 보이니 너무 행복하다.

→ struggle + with something = ~으로 고생하다

I've (OR I have) been struggling (present perfect progressive)

= 과거에서 시작하여 현재에도 계속 진행 중인 상황 묘사

words and grammatical structures: the adjective, 'glad'

glad와 같은 형용사는 뒤에 that절 (= that + 'subject + verb')을 취할 수 있다.

→ **be glad + that 'subject + verb'** = ~(subject + verb)해서 기쁘다

I'm so glad that I can finally see the light at the end of the tunnel.

= 드디어 고생의 끝이 보이니 너무 행복하다.

3 Phrasal verbs: clear up / clear something up / warm up (...)

1 Clear up / Clear something up

= 날씨가 개다, 맑아지다 / 혼돈, 문제, 미스터리 등을 해결하다, 설명해 주다

예 It's been raining on and off all day. I hope it'll clear (up) soon.

= 하루 종일 비가 왔다 안 왔다 하네. 어서 날씨가 개면 좋겠다.

→ rain on and off = rain does not completely stop

Thanks so much, professor. I couldn't quite grasp this part (of the course materials), but you just cleared that up for me. → that = 앞 절의 this part

= 정말 감사합니다 교수님. (수업 자료의) 이 부분에 대해 이해를 잘 못했었는데 방금 교수님이 설명해 주셔서 해결이 되었습니다.

→ grasp = (v.) thoroughly understand an idea or concept = 개념 등을 완벽히 이해하다

2 Warm up (...) = 운동 전 준비 운동을 하다 / 식은 음식을 데우다

예 Always take the time to warm up before working out.

= 운동하기 전에는 항상 준비 운동 하는 시간을 가져.

→ before working out = before you work out

reducing adverbial clauses of time

main clause(주절)와 adverbial clause(부사절)의 주어가 동일한 경우 'conjunction(접속사) (예: before, after, while, when, since) + subject + verb'의 'subject + verb'는 'verb-ing'로 축약하여 사용 가능하다.

Always take the time to warm up before you work out. → before + 'subject + verb'

= 운동하기 전에는 항상 준비 운동 하는 시간을 가져.

= Always take the time to warm up before working out. → before + verb-ing

---

Let me warm (up) the soup for you.

= 국 데워 줄게.

4 Nuance: nice weather, we're having, huh?

상대방이 의도한 의미를 정확히 이해하려면 단어의 사전적(literal) 의미에서 벗어나 해당 담화가 발생한 상황 또는 맥락(context)을 고려하는 것이 중요하다. 예를 들어 아래 상황에서처럼 nice란 동일한 단어가 사용되었지만 그 의미는 상황에 따라 정반대의 의미로 사용될 수 있으므로 언어에 대한 해석은 항상 맥락을 고려해야 한다.

1 Common Dialog

(Two strangers waiting for a bus on a sunny day) → 화창한 날에

A Nice weather we're having, huh?

= 날씨가 참 화창하네요 그죠? → It's nice weather.

B Yeah, it's really beautiful, isn't it?

= 네, 너무 좋네요. → Yeah, it's really beautiful.

2 Sarcastic Dialog → sarcastic = opposite of what one means

(Two strangers waiting for a bus in unpleasant weather) → 험상궂은 날에

A Nice weather we're having, huh?

= 날씨가 참 험상궂네요 그죠? → It's awful weather.

B Yeah, very nice. (laughs)

= 네, 너무 험상궂네요. → Yeah, it's very awful weather.

5 Breaking words into parts: suffix (-y)

base word + [-y] = adjective marker

sun (noun 해, 태양, 햇볕) + -y = sunny (adjective 화창한, 햇살이 내리쬐는)

gloom (noun 어둠, 우울, 침울) + -y = gloomy (adjective 어둑어둑한, 음울한, 우울한)

chill (noun 냉기, 한기) + -y = chilly (adjective 쌀쌀한)

more examples

cloudy (cloud), rainy (rain), windy (wind), breezy (breeze), hazy (haze), foggy (fog), slushy (slush), dusty (dust), tasty (taste), pricey (price)

예 Look at these dusty books.

= 이 먼지 쌓인 책 좀 봐봐.

→ dust (noun, 먼지) + -y = dusty (adjective, 먼지투성이의)

6 Confusing aspects of English
: go to the / a doctor, see the / a doctor vs. go to the hospital

'적절한 언어 사용(appropriate language use)'은 항상 상황(situation)을 고려하는 것이 필요하다. 예를 들어 영어로 '병원에 가다' 라는 표현을 사용할 때 상황에 따라서는 go to the / a doctor, see the / a doctor가 더 적절한 표현이 되거나 또는 go to the hospital이 더 적절한 언어 사용이 될 수 있다.

Go to the / a doctor, See the / a doctor, vs. Go to the hospital

go to **the / a doctor** = go to the / a doctor's office

→ a doctor's office = a clinic = 동네 병원

(vs) go to **the hospital**

→ the hospital = a big building where patients are admitted = 종합병원

go to **the / a doctor** (and) see **the / a doctor**

→ used when you have a common, light illness like a cold

감기와 같이 흔한 질병 또는 가벼운 질병에 걸렸을 때 사용하면 적절한 표현

(vs) go to **the hospital**

→ used when you have a serious illness or injury from an accident

심각한 병이나 사고를 당해 큰 부상을 입었을 때 사용하면 적절한 표현

1 Fluency developments with dialogs

1 상황) 날씨 좋은 날, 버스를 기다리다가 옆의 외국인에게 말을 걸어보는 상황

A 오늘 날씨 참 좋네요.

= Nice weather we're having, huh?

B Yeah, it's very nice.

네, 정말 좋네요.

A 어느 나라에서 오셨어요?

= Where are you from?

B I'm from Canada.

캐나다에서 왔어요.

2 상황) 날씨 앱을 보면서 친구와 나누는 대화

A Looks like summer kicks off tomorrow.

내일이면 여름 날씨네.

→ (It) looks like + 'subject + verb' = ~(subject + verb)인 것처럼 보이다

kick off (phrasal v; informal) = start = 시작하다

B Really? What's the temperature going to be?

정말? 기온이 몇 도가 된대?

A 최고 기온이 25도가 될 거래.

= The high's going to be 25.

3 상황) 언제 무서움을 느끼는지에 대해 지인과 나누는 대화

A When do you get scared?

당신은 언제 무서움을 느끼나요?

B 저는 밖에 바람이 세차게 불 때가 무서워요.

____

= I get scared when it's blustery outside.

B Especially when I'm inside my apartment, I can't stand the sound of howling wind.

특히 아파트 안에 있을 때, 윙윙거리면서 세차게 부는 바람 소리를 견딜 수 없어요.

→ (Ch. 10) I can't stand my boss. Every day I feel like quitting.

= 내 상사를 참을 수가 없어. 매일 매일 그만 두고 싶은 심정이야.

howling wind = 윙윙거리는 소리를 내며 세차게 부는 바람

A Oh really? I love the sound of howling wind. It helps me go to sleep.

정말요? 저는 윙윙 세차게 부는 바람 소리를 좋아해요. 잠드는 데 도움이 되거든요.

→ go to sleep = begin sleeping = 잠들다

2 Fluency developments in sentences

1 밖에 날씨가 어때?

= What's the weather like outside?

2 (날씨가) 얼어 죽겠어. 두텁게 입어.

= It's freezing (cold). Bundle up.

3 몸이 별로 안 좋네.

= I'm (feeling) under the weather.

4 가을에는 사과가 제철이죠.

= In the fall, apples are in season.

5 이번 일요일에 보기로 했던 영화, 다음으로 미뤄도 될까? 부모님이 주말에 집에 오신다고 하네.

= Can I take a rain check on the movie this Sunday? My parents are coming over for the weekend.

CHAPTER 13

The Theme

Leisure and Vacation

Word choice:
see vs. watch (and) hear vs. listen

영어의 see와 watch는 한국어로 번역하면 '보다'
hear와 listen은 '듣다'로 번역되지만
see, hear와 watch, listen은 개념적인 차이가 존재한다.
see와 hear는 신체적인 장애가 없어 자연스럽게 보이고 들리는 개념을 의미하며
watch와 listen은 누군가를 또는 무엇을 특별히 주목하면서 보고 듣는 개념의
단어들이다. 따라서 영어 단어들을 한국어로 번역시 동일한 표현으로
번역이 가능할지라도 항상 개념의 차이를 확인해 보는 것이 중요하다.

1 Meaning-focused task: Listen to OR read the dialog

(Between friends talking about their upcoming time off from school)

Woman I can't wait for this upcoming vacation to come. I've worked so hard this semester. I really could use some time off.

Man Do you have any plans for the vacation?

Woman I don't know about the whole period, but for the first week, I'm just going to chill on my couch and binge-watch all the dramas and movies I've missed. What about you?

Man Well, I'm thinking of traveling abroad again. You know I love traveling. I've been to some parts of Asia, but I haven't gone to any parts of Europe yet. And, recently I got an email from an ex-roommate of mine, saying that he got married to a girl from the UK and is now living in London. So, I might travel to the UK this time, visit here and there, and then meet up with him in London.

Q1 What is the woman going to do during the upcoming vacation?

여자는 다가오는 방학에 무엇을 할 계획인가요?

- She's going to chill on her couch and binge-watch all the dramas and movies she's missed.

  소파에서 휴식을 취하면서 그동안 못 봤던 모든 드라마와 영화를 몰아 볼 계획입니다.

Q2 What are the man's plans for the vacation?

남자는 방학을 어떻게 보낼 예정인가요?

- He might travel to some parts of the UK and meet up with his friend in London.

  남자는 영국의 일부 지역을 여행하고 런던에 있는 친구를 만날지도 모릅니다.

2 Language-focused task: Translate the Korean into English

(Between friends talking about their upcoming time off from school
: 다가오는 학교 방학에 대해 이야기를 나누는 친구)

the phrase, 'time off'

time off

= (noun) time not used to work or study = 일, 학업 등을 쉬는 시간

(Ch. 6) 그 프로젝트 잠시 중단하고 (직역: 그 프로젝트로부터) 좀 쉬어 보지 그러니?

= Why don't you take **time off** from the project?

→ take time off = take a break = 쉬다

(Ch. 4) (평소에 하던 운동으로부터) 내일 하루 운동을 쉬지 그러니?

= Why don't you take **a day off** tomorrow from your workout routine?

→ take a day off = 하루를 쉬다 → 근무를 하루 쉬다 = take a day off from work

1 Woman: 이번 다가오는 방학이 너무 기대돼.

____

= I can't wait for this upcoming vacation to come.

= I can't wait for this upcoming vacation.

the phrase, "can't wait"

I can't wait for + something = ~(something)이 너무 기다려지다, 기대되다

= **I can't wait for** + something + **to 'verb'** = ~이 ~(verb)하기를 너무 기대하다

→ (After watching the first episode of a K-drama: 한국 드라마의 첫 회를 본 후에)

I can't wait to see the next episode! = 다음 회가 너무 기대돼요! → **can't wait + to 'verb'**

the adjective, 'upcoming' AND the phrasal verb, 'come up'

upcoming

= (adjective) going to happen soon = 다가오는, 곧 있을

I can't wait for this upcoming vacation to come.

→ My vacation is coming up soon. = 곧 방학이다.

come up

= (phrasal verb) be going to happen soon

곧 일어나다 (주로 진행형으로 사용)

(Ch. 7) 이제 곧 여름이네.

= Summer is just around the corner.

= Summer is coming.

= Summer is coming up.

(vs) **come up**

= (phrasal verb) happen unexpectedly

예상치 못하게 일이 생기다

(Ch. 8) 갑자기 일이 생겼어.

= Something came up.

2 Woman: 나 이번 학기에 진짜 열심히 공부했거든. 정말 좀 쉬고 싶어(휴식이 필요해).

= I've worked so hard this semester. I really could use some time off.

the phrase, 'could use'

could use + something

= (informal) want something or need something

~을 원하다, ~을 필요로 하다

(To a coworker who's working with you right now: 같이 일하고 있는 동료에게)

I'm really tired. I **could use** some coffee now. Do you want to go out and grab one?

= I **want / need** some coffee now.

= 너무 피곤하네. 지금 커피 마시면 좋겠다. 커피가 필요한데. 밖에 나가서 커피 사올까?

3 Man: 방학 때 무슨 계획 있어?

= Do you have any plans for the vacation?

4 Woman: 방학 전(체) 기간은 모르겠는데 첫 주에는 그냥 소파에서 뒹굴거리면서 그동안 못 봤던 드라마와 영화 몰아보려고. 너는?

= I don't know about the whole period, but for the first week, I'm just going to chill on my couch and binge-watch all the dramas and movies I've missed. What about you?

one word with different parts of speech: the word, 'chill'

chill = (noun) 냉기, 한기 → chilly (adjective) 날씨가 쌀쌀한

chill (out) = (verb / phrasal verb; informal) spend time relaxing

쉬면서 느긋한 시간을 보내다

binge-watch

= (verb; informal) 드라마 시리즈 등을 몰아서 보다

more examples

binge-eat = 폭식하다 / binge-drink = 폭음하다 / binge-sleep = 못 잔 잠을 몰아서 자다 / binge-read = 몰아서 읽다, 끝까지 한 번에 다 읽다

나는 그동안 못 봤던 드라마와 영화 몰아볼 거야.

= I'm going to binge-watch all the dramas and movies I've missed.

word order differences between Korean and English

(한국어 어순) 내가 그동안 못 봤던 (수식어) + 모든 드라마와 영화들 (피수식어)

(영어 어순) 모든 드라마와 영화들 (피수식어) + 그동안 내가 못 봤던 (수식어)

= all the dramas and movies + I've missed (= **that** I have missed)

→ 수식어 = '관계대명사절'

→ that = '목적격' 관계대명사; all the dramas and movies가 miss (또는 have missed)의 목적어이므로 + 목적격 관계대명사는 생략 가능

→ all the dramas and movies I've missed (O)

(Ch. 6) 그녀가 현재 신고 있는 + 운동화

= The sneakers + she's using now

= The sneakers + **that** she's using now

→ that = '목적격' 관계대명사; the sneakers가 use (또는 is using)의 목적어이므로

+ 목적격 관계대명사는 생략 가능

→ the sneakers she's using now (O)

(Ch. 11) 이 근처에 24시간 문을 여는 약국이 있나요?

= Is there a drugstore **that** is open around the clock near here?

→ that = '주격' 관계대명사; a drugstore가 is open의 주어이므로

+ 주격 관계대명사는 생략 불가능

→ Is there a drugstore is open around the clock near here? (X)

(Ch. 12) 우리 삶에서 영원히 지속되는 것은 없다.

= There's nothing in life **that** lasts forever.

→ that = '주격' 관계대명사; nothing이 last의 주어이므로

\+ 주격 관계대명사는 생략 불가능

→ There's nothing in life lasts forever. (X)

(Ch. 2) 팩스로 온 영문 주문 = an order in English **that** was faxed

→ that = '주격' 관계대명사; an order in English가 fax (또는 수동태 was faxed)의 주어이므로

\+ 주격 관계대명사는 생략 불가능

→ an order in English was faxed (X)

5 Man: 음, 나는 해외 여행 다시 하려고 생각 중이야.

= Well, I'm thinking of traveling abroad again.

→ travel abroad = 해외로 여행가다

abroad = (adverb) 해외로

(vs) travel to abroad (X) → abroad는 부사로, 부사 앞에 전치사는 올 수 없음

→ think of + verb-ing = ~하는 것에 대해 생각하다

; of는 전치사로, 뒤에 동사가 올 경우 verb-ing(동명사)의 형태를 취한다

6 Man: 너도 알다시피 내가 여행하는 거 좋아하잖아. 아시아 일부 지역은 가 봤는데 아직 유럽은 안 가 봤거든.

= You know I love traveling. I've been to some parts of Asia, but I haven't gone to any parts of Europe yet.

words and grammatical structures: the verb, 'love'

저는 여행하는 것 좋아해요.

= I love traveling. → love + verb-ing

= I love to travel. → love + to 'verb'

the phrases, "I've been to" and "I've gone to"

I have been to + 'noun phrase' (장소) = (present perfect) 나는 ~에 가 본 적이 있다

= **I have gone to** + 'noun phrase' (장소) = (present perfect) 나는 ~에 가 본 적이 있다

→ 나는 아시아에 가 본 적이 있다. = I've been to Asia. = I've gone to Asia.

나는 유럽에 가 본 적이 없다. = I've never been to Europe. = I've never gone to Europe.

7 Man: 그리고 최근에 옛날 룸메이트에게서 메일이 왔는데, 영국인 여자친구와 결혼해서 런던에 살고 있다고 하더라고.

= And, recently I got an email from an ex-roommate of mine, saying that he got married to a girl from the UK and is now living in London.

→ an ex-roommate of mine = 나의 옛날, 전 룸메이트 중 한 명

→ mine = 나의 것 (possessive pronoun, 소유 대명사)

내 친구 중 한 명 = a friend of mine / 그의 친구 중 한 명 = a friend of his

그녀의 친구 중 한 명 = a friend of hers → '소유 대명사'의 형태로 와야 함

words and grammatical structures: the adjective, 'married'

get married 'to' someone = ~와 결혼하다

→ (NOT) **get married 'with'** someone

8 Man: 그래서 이번에는 영국으로 여행가서 여기 저기 돌아다니고 런던에 가서는 걔랑 만날지도 모르겠네.

= So, I might travel to the UK this time, visit here and there, and then meet up with him in London.

→ meet up with someone

= (informal) meet someone either unexpectedly or as planned

~를 우연히 또는 만날 약속을 한 뒤에 만나다

1 Theme study: leisure and vacation

1 Leisure = asking about hobbies or free time activities / talking about my hobbies or free time activities with reasons / asking for follow-up questions about the responses

: 상대방의 취미 또는 여가 시간 활동에 대해 묻기 / 나의 취미, 여가 시간 활동을 이유와 함께 표현하기 / 나의 질문에 대해 상대방의 답변을 들은 후 후속 질문하기

1-1 Asking about hobbies or free time activities: 상대방의 취미 또는 여가 활동 묻기

Ways of asking about 'hobbies'

취미가 뭐예요? = What are your hobbies?

취미가 있으세요? = Do you have any hobbies?

Ways of asking about 'free time activities'

What do you usually do on weekends?

= 주말에 보통 뭐하세요?

What do you do for fun?

= 재미로 뭐하세요?

What do you do in your free time (OR in your spare time)?

= 여가 시간에 뭐하세요?

What do you like to do (OR like doing) in your free time (OR in your spare time)?

= 여가 시간에 뭐 하는 거 좋아하세요?

→ like + to 'verb' (OR like + verb-ing)

1-2 Talking about my hobbies or free time activities: 나의 취미 또는 여가 활동 표현

저는 축구 / 테니스 / 탁구 / 배드민턴 / 골프 치는 것 좋아해요. → play + 'sports' (with balls)

= I enjoy playing soccer / tennis / table tennis / badminton / golf.

→ enjoy + verb-ing = ~ 하는 것을 즐기다 → (NOT) enjoy + to 'verb'

저는 바둑 / 보드 게임 / 비디오 게임 / 컴퓨터 게임 하는 것 좋아해요. → play + 'games'

= I like playing Go / board games / video games / computer games.

= I like to play Go / board games / video games / computer games.

→ like + verb-ing (OR like + to 'verb')

저는 피아노 / 기타 / 바이올린 / 드럼 치는 것 좋아해요. → play + 'musical instruments'

= I love playing the piano / the guitar / the violin / drums.

= I love to play the piano / the guitar / the violin / drums.

→ love + verb-ing (OR love + to 'verb')

저는 조깅 / 수영 / 골프 / 스키 / 하이킹 / 캠핑 / 낚시 / 쇼핑 하는 것 좋아해요.

= I enjoy going jogging / going swimming / going golfing / going skiing / going hiking / going camping / going fishing / going shopping.

→ go + 'activities' ending in '-ing' such as 'jogging, swimming, golfing, skiing, hiking, etc.'
OR 'activities' a person can do alone

저는 영화관에 / 콘서트에 / 미술관에 / 맛집에 가는 것 좋아해요.

= I like going to the movies / going to concerts / going to art galleries / going to famous restaurants.

→ go + to 'physical places' (noun phrase: 명사구)

저는 요가 / 필라테스 / 명상 / 에어로빅 / 태권도 하는 것 좋아해요.

= I like doing yoga / doing Pilates / doing meditation / doing aerobics / doing Taekwondo.

= I like to do yoga / to do Pilates / to do meditation / to do aerobics / to do Taekwondo.

→ do + 'activities' that do not use balls OR do not require much equipment or gear

저는 영화 보는 것 / 음악 듣는 것 / 라디오 듣는 것 / 폰으로 오디오 북 듣는 것 / 폰으로 웹툰 보는 것 좋아해요.

= I enjoy watching movies / listening to music / listening to the radio / listening to audio books on my phone / watching web comics on my phone.

→ listen music / the radio / audio books (X) → listen '**to**' something (O)

저는 친구들이랑 어울리는 그런 거 좋아해요.

= I like hanging out with my friends and stuff like that.

→ hang out with someone → and stuff like that = (informal) 그리고 그와 같은 것

= (less informal) and things like that

(Ch. 1) 그녀는 피자, 파스타, 그런 거 좋아해.

= She loves pizza, pasta, and things (OR stuff) like that.

the phrasal verb, 'hang out'

(Ch. 11) I haven't seen you for ages. Why don't we hang out this weekend?

= 우리 오랫동안 못 봤는데 이번 주말에 같이 놀까? → 'we' + hang out

(Ch. 11) We're going to have a barbecue and just hang out.

= 우리 바비큐하고 놀 거야. → 'we' + hang out

저는 카페에서 / 식당에서 / 술집에서 / 집에서 친구들과 만나는 것 좋아해요.

= I love meeting up with my friends at cafes / at restaurants / at bars / at home.

저는 친구들 집에 부르는 것 좋아해요.

= I like having friends **over** (to my place).

→ have someone over (to one's place)

= invite someone to one's place = 누구를 집에 초대하다

the adverb, 'over' meaning 'to a particular place,' for example, 'to someone's home'

(Ch. 12) Can I take a rain check on the movie this Sunday? My parents are coming **over** (to my place) for the weekend.

= 이번 일요일에 보기로 했던 영화, 다음으로 미뤄도 될까? 부모님이 주말에 집에 오신다고 하네.

→ come over (to one's place) = visit someone at their place

누구의 집을 방문하다

저는 해외로 여행 가는 것 좋아해요. 지금껏 유럽과 아시아 일부를 가 봤어요.

= I like traveling abroad. I've been to (OR I've gone to) some parts of Europe and some parts of Asia.

저는 랩 음악에 관심이 있어요 / 조금 관심이 있어요 / 푹 빠져 있어요.

= I'm into rap music. / I'm kind of into rap music. / I'm heavily (OR really) into rap music.

→ be into something = be interested in something = ~에 관심이 있다

1-3 Saying why I like to do the things I like: 취미, 여가 활동 이유 설명하기

저는 명상하는 것 좋아해요. 왜냐면 명상하면 긴장이 많이 풀리거든요.

= I like meditation because it is very relaxing (OR it is very therapeutic).

→ it is + 'adjective' = 그것이 ~(adjective)하다 / it = meditation

therapeutic = (adj.) helping you to relax = 긴장을 푸는 데 도움이 되는

= I like meditation because I find it very relaxing (OR I find it very therapeutic).

→ I find it + 'adjective' = 그것이 ~(adjective)함을 발견하다 / it = meditation

(NOT) I like meditation because it is very relaxed (OR I find it very relaxed).

→ relaxing (Correct)

adjectives ending with '-ed' vs. '-ing' (Ch. 8)

위 문장에서는 주어가 it = meditation(명상)으로 '사람'이 아니기 때문에 –ed로 끝나는 형용사는 사용 불가하다.

저는 탁구에 관심이 많습니다. (→ 탁구를 정말 좋아합니다)

= I'm really into table tennis.

왜냐면 탁구는 재미가 있고, 탁구를 칠 때는 어떤 문제도 생각하지 않기 때문입니다.

= because it is fun and when I play it, I don't think about any problems.

→ it = table tennis

탁구는 제가 긴장을 푸는 데 도움이 됩니다.

= It helps me (to) unwind = It helps me (to) wind down. = It helps me (to) relax.

→ unwind (verb) = wind down (phrasal verb)

긴장을 풀다 = relax and stop thinking about work, problems, etc.

저는 또한 저와 함께 탁구 치는 사람들을 좋아합니다.

= I also like the people I play it with. = I also like the people **that** I play it with.

→ that = '목적격' 관계대명사; the people이 전치사 with의 목적어이므로 + 목적격 관계대명사는 생략 가능

→ I also like the people I play it with.

그들은 열정적이고 굉장히 우호적입니다.

= They are enthusiastic and very friendly.

탁구는 새로운 사람을 만나고 친구들을 사귈 수 있는 좋은 방법인 것 같습니다.

= I think table tennis is a great way to meet new people and make friends.

word order differences between Korean and English

(한국어 어순) 새 사람을 만나고 친구를 사귈 수 있는 (수식어) + 좋은 방법 (피수식어)

(영어 어순) 좋은 방법 (피수식어) + 새 사람을 만나고 친구를 사귈 수 있는 (수식어)

= a great way + to meet new people and make friends

→ 수식어 = 'to verb'

1-4 Asking follow-up questions about hobbies or free time activities

: 상대방의 취미 또는 여가 활동에 대한 답변을 들은 후 후속 질문하기

(After finding out that someone's hobby is camping)

A 어떻게 해서 캠핑에 관심을 가지게 되었나요?

= How did you get into that? → that = camping

→ get into something = (phrasal verb; informal) ~에 관심을 가지다

B 제 친구 때문에 관심을 갖게 되었어요.

= A friend of mine got me into camping.

→ get someone into something

= ~를 ~에 흥미를 가지게 하다

= make somebody interested in something

B 그에게는 캠핑이 일과 가족으로부터 벗어나게 하는데 도움이 된다고 하더라고요.

= He said camping helps him get away from his work and family.

→ get away from something

= ~으로부터 벗어나다

= leave or escape from something

B 그래서 저도 저만의 시간이 좀 필요할 때 가끔 캠핑을 가곤 합니다.

= So I go camping occasionally when I need a bit of me time (OR alone time).

→ me time (OR alone time) = (informal) 오로지 나를 위한 시간, 혼자만의 시간

A 얼마나 오랫동안 캠핑을 해 왔나요?

= How long have you been doing that? → that = camping

→ (present perfect progressive) 과거에서 시작하여 현재에도 계속 진행중인 일, 상황

2 Vacations = restaurant reservations and cancellations: 식당 예약과 취소

2-1 Asking for a table at a restaurant by phone: 전화로 식당 테이블 예약하기

오늘 저녁 7시에 5명으로 예약하고 싶은데요, 제 이름은 '박수정'입니다.

I'd like to book a table for tonight at 7pm, for five people. My name is Sujung Park.

= I'd like to make a reservation for tonight at 7pm, for five people. My name is Sujung Park.

→ book a table for ~ = ~일 (~시) / ~명을 위한 테이블을 예약하다

= make a reservation for ~ = ~일 (~시) / ~명을 위해 예약하다

one word with different parts of speech: the word, 'book'

(Ch. 7) I haven't finished the book, but I'm getting there. → book = (noun) 책

= 아직 그 책을 다 읽지는 못했지만 거의 다 읽어가.

(Ch. 8) The famous restaurant was booked for the entire month.

= 그 유명 맛집이 이번 달 예약이 꽉 찼대. → book = (verb) 예약하다

오늘 밤으로 예약을 하고 싶은데요. 비어 있는 자리가 있나요?

= I'd like to make a reservation for tonight. Do you have any tables available?

→ noun(명사) + available

(OR) Do you have any available tables?

→ available + noun(명사)

(Hotel reservation) 예약 가능한 방 있나요?

= Do you have any rooms available? (OR) Do you have any available rooms?

2-2 Asking for a specific table at a restaurant by phone: 전화로 구체적인 테이블 예약

창문 가(의) 테이블로 예약 가능할까요?

= Can we have a table by the window, please?

→ by ~ = next to ~ = beside ~ = (prep.) ~옆(가)에

(Ch. 11) I'll meet you at the tree by my house.

= 우리 집 옆의 나무에서 만나요.

식당 밖 야외 자리로 예약하고 싶습니다. (= 식당 밖의 야외 자리에 앉고 싶습니다)

= We'd like to be seated outside, please.

→ seat someone = (verb; formal) ~를 앉히다

be seated = (passive voice; formal) ~가 앉혀지다

= sit down = ~가 앉다 → 격식적인 상황에서는 sit down이 아닌, be seated의 표현이 더 정중한 표현임

(식당 입구 간판에 적혀 있거나 또는 종업원이 손님에게)

Please wait to be seated. = 기다려 주시면 안내해 드리겠습니다.

→ 격식적인 상황에서는 be seated를 사용

(기내 또는 많은 인원이 모인 행사 장소에서)

Please be seated. = 모두 착석 바랍니다. → 격식적인 상황에서는 be seated를 사용

one word with different parts of speech: the word, 'seat'

(Ch. 2) Excuse me. Is this seat available / free / empty?

= Excuse me. Is this seat taken / saved / occupied? → seat = (noun) 자리

= 저기요, 여기 자리 있어요? (= 여기 자리 비어 있어요?)

금연석으로 예약 바랍니다.

= I would like a table in the non-smoking section, please.

→ would like (OR 'd like) + noun phrase(명사구) = ~을 바라다

2-3 Canceling a table at a restaurant by phone: 전화로 예약한 테이블 취소하기

'박수정' 이름으로 (예약)했던 오늘 저녁 예약 취소하려고요.

= I'd like to cancel the reservation I made for tonight under the name of Sujung Park.

word order differences between Korean and English

(한국어 어순) 오늘 저녁 식사를 위해 했던 (수식어) + 예약 (피수식어)

(영어 어순) the reservation (피수식어) + I made for tonight (= **that** I made for tonight)

→ that = '목적격' 관계대명사; the reservation이 make의 목적어이므로

\+ 목적격 관계대명사는 생략 가능 → the reservation I made for tonight

오늘 저녁 7시에 '박수정'으로 예약을 했었는데요, 취소하려고요.

= I have a reservation under Sujung Park, for tonight, at 7pm, but I'd like to cancel it.

→ it = the reservation made under Sujung Park for tonight at 7pm

2 Idioms and proverbs

1 Train of thought

= 생각의 흐름

= a series of connected thoughts or ideas that someone is having; a line of reasoning

예 Sorry, what was I saying? I lost my train of thought.

= 죄송해요. 제가 무슨 말을 하고 있었죠? 하려던 말을 잊어버렸네요.

→ lose one's train of thought

= lose one's thought process or line of reasoning

생각의 흐름이 끊기다; 생각의 흐름이 끊겨 하려던 말을 잊어버리다

I can't follow my boss's train of thought. What can I do? Oh well, I'll just do what he says.

= 저는 제 상사의 생각을 이해를 못하겠어요. 어쩌겠어요? 그냥 하라는 대로 해야죠.

→ follow one's train of thought

= understand one's thought process or line of reasoning

상대방의 생각의 흐름을 이해하다

2 Hit the road (informal)

= 어디를 떠나다 = leave a place

예 (While talking with a friend at a café: 카페에서 친구와 이야기를 나누던 중)

Shoot. I'm late. I have to hit the road. I have to pick up my son.

= 이런. 늦었다. 나 지금 가야 해. 아들 데리러 가야 하거든.

= I have to get going.

(Ch. 8) I hate to leave now, but I'd better get going or I'll miss my train.

= 지금 가고 싶지 않지만 가 봐야겠어요. 안 그럼, 기차를 놓칠 거예요.

3 **Have a ball (OR) Have a blast (informal)**

= 신나게 놀다 = enjoy oneself greatly; have a lot of fun

→ ball / blast = (noun) very enjoyable experience; a good time

매우 즐거운 경험

예 A How was the concert last weekend?

= 지난 주말 콘서트 어땠어?

B Oh, we had a ball (OR a blast). Everyone sang along.

= 진짜 재밌었어. 모두가 떼창했어. → sing along = 따라 부르다, 떼창하다

one word with different meanings: the words, 'ball' AND 'blast'

ball = (noun) 공 = a round object used in sports

(vs) (noun) 매우 즐거운 경험 = a very enjoyable experience

blast = (noun) 폭발 = explosion

(vs) (noun) 매우 즐거운 경험 = a very enjoyable experience

4 **Get away from it all**

= 일상의 스트레스, 문제 등을 잊고 쉴 수 있는 어디로 떠나다

= go somewhere where you can completely relax and forget your responsibilities or problems

예 Where do you go when you want to get away from it all?

= 당신은 일상의 모든 것에서 벗어나고 싶을 때 어디로 가세요?

5 **Recharge one's batteries**

= 재충전을 하다

= rest and relax for a period of time so that you feel energetic again

→ recharge = prefix, 're–' (= again) + charge (verb, 충전하다)

예 I've been working nonstop for the past couple of weeks. I feel like I really need to recharge my batteries. = 지난 몇 주 동안 쉬지 않고 일했더니 재충전이 정말 필요한 것 같아.

→ nonstop = (adverb) without any breaks or stops

(present perfect progressive) 과거에서 시작하여 현재에도 계속 진행중인 일, 상황

the construction, 'I feel like + subject + verb'

(Ch. 3) I feel like I'm getting drunk. I should stop. = 취기가 도는 것 같아. 그만 마셔야 되겠어.

(Ch. 9) I feel like I'm going to throw up / vomit. = 토할 것 같아.

(Ch. 9) I feel like I'm so forgetful these days. = 요즘 들어서 너무 잘 잊어버리는 것 같아.

3 Phrasal verbs: take up ... (OR) take ... up / chill out

1 **Take up ... (OR) Take ... up** = ~을 시작하다

(= start to learn something, esp. for pleasure)

예 I'm not very good at guitar. I only took it up recently. → it = playing guitar

= 저는 기타를 잘 못 쳐요. 최근에서야 시작했거든요.

→ be good at something = ~에 능숙하다

I took up golf about a year ago, but it feels like I'm not getting better at it.

= 골프를 시작한 지 1년 정도 되었지만 전혀 실력이 느는 것 같지 않아.

→ get better at something = ~에 더 능숙해지다 / it = playing golf

the construction, 'it feels like + subject + verb'

(Ch. 7) As I get older, it feels like my tastes also change.

= 나이가 들면서 입맛도 변하는 것 같아.

2 **Chill out** = 느긋이 쉬다 (= spend time relaxing)
/ 진정하다 (= stop feeling angry or nervous about something
; calm down; relax)

예 (Friends talking on the phone: 전화 통화를 하는 친구 간의 대화)

A Hey, what are you up to?

= 지금 뭐해?

= Hey, what's up? (= Hey, what are you doing right now?)

B Nothing. I'm just chilling (out) watching TV.

= 아무것도. 그냥 TV 보면서 쉬고 있어.

Hey, chill (out)! I think you're getting worked up about nothing.

= you are getting angry for nothing.

= 진정해! 나는 네가 아무것도 아닌 일에 화를 내는 것 같아.

→ get worked up about something

= (informal) get angry or upset about something = ~에 화를 내다, 감정이 오르다

+ worked up = (adjective) angry or upset about something

~에 화를 내는, 감정이 오르는

4 Nuance: see vs. watch (and) hear vs. listen

영어의 see와 watch는 한국어로 번역하면 '보다', hear와 listen은 '듣다'로 번역되지만 see, hear와 watch, listen은 개념적인 차이가 존재한다. See와 hear는 신체적인 장애가 없어 자연스럽게 보이고 들리는 개념을 의미하며 watch와 listen은 누군가를 또는 무엇을 특별히 주목하면서 보고 듣는 개념의 단어들이다. 따라서 영어 단어들을 한국어로 번역시 동일한 표현으로 번역이 가능할지라도 항상 개념의 차이를 확인해 보는 것이 중요하다.

See vs. Watch

See = use one's eyes to identify things / 시력 장애가 없어서 자연스럽게 보이는 행위

(vs) **Watch** = pay attention to what happens for a time / ~을 한동안 주목하여 보는 행위

→ observe movement or action / 움직임, 동작 등을 관찰, 주시하는 행위

예 (카페에 앉아 있던 손님이 잠시 자리를 비우게 되어 직원에게 소지품을 부탁하는 상황)

I'm going to the restroom for a bit. Can you watch my stuff (OR things), please?

= 화장실에 잠깐 다녀올 건데요, 제 물건 좀 (지켜)봐 주시겠어요?

→ for a bit = for a short time (NOT) Can you see my stuff (OR things), please?

Hear vs. Listen

Hear = use one's ears to identify sounds / 청각 장애가 없어서 자연스럽게 들리는 행위

(vs) **Listen** = pay attention to something or somebody / ~에(게) 주목하여 듣는 행위

예 저는 라디오 듣는 것 / 음악 듣는 것 / 폰으로 오디오 북 듣는 것 좋아해요.

= I enjoy listening to the radio / music / audio books on my phone.

→ 라디오, 음악, 오디오 북 등을 듣는 행위는 주목하여 듣는 행위

(NOT) I enjoy hearing the radio / music / audio books on my phone.

5 Breaking words into parts: suffixes (-ion / -ation)

base word + [-ion / -ation] = noun markers

vacate (verb 일자리, 직책 등에서 떠나다) + -ion = vacation (noun 휴가, 방학)

reserve (verb 예약하다) + -ation = reservation (noun 예약)

cancel (verb 취소하다) + -ation = cancellation (noun 취소)

+ staycation = stay (at home) + vacation / 집 또는 집 근처에서 보내는 휴가

예 A What did you do this past long weekend?

= 이번 긴 휴가에 뭐 했어?

→ a long weekend = 금요일 또는 월요일 등, 주말 앞 뒤로 공휴일을 끼고 있는 주말

B I just had a staycation. I just chilled (out), you know.

= 그냥 집에서 보냈어. 쉬면서.

+ workcation = work + vacation = doing work while on vacation

(예를 들어 휴양지에서 업무를 보며) 일과 휴가를 동시에 하는 업무 형태

예 I wish I could have just one week taking a workcation in Jeju Island.

= 제주도에서 일주일만 워케이션을 가질 수 있었으면(했으면) 좋겠다.

→ **hypotheticals with 'wish'** / 현실적으로 가능성이 없거나 희박한 상황에서의 '바람'을 표현

+ 이 때, can이 아닌 '과거형'의 동사 사용

(Ch. 6) I wish I could give myself a break.

= 쉬는 시간을 가질 수 있었으면 좋겠어. (→ 쉬고 싶은데 그럴 수가 없다)

(Ch. 10) I work the night shift. I wish I had a regular nine to six schedule.

= 저는 야간 교대 근무를 해요. 하지만 9-6까지 근무하는 일반적인 스케줄이었으면 좋겠어요.

(→ 현재는 그런 스케줄이 아니다)

6 Confusing aspects of English: have been to vs. have gone to

Have been to vs. Have gone to

1 **주어가 '나' 인 경우** 같은 의미로 사용됨

I've been to London. = **I**'ve gone to London. = 저는 런던에 가 본 적이 있어요.

I've never been to London. = **I**'ve never gone to London. = 저는 런던에 가 본 적이 없어요.

2 **주어가 '나'가 아닌 '3인칭'인 경우** 다른 의미로 사용될 수 있음

She's been to London.

= 그녀는 런던에 가 본 적이 있다.

= She went to London at some point in the past and now she's back.

(vs) **She**'s gone to London.

= 그녀는 런던에 갔어. 지금 여기 없어.[1]

= She went to London recently and she's still in London now.

예 A Where's Julie?

= Julie는 어디 있어?

B She's on vacation. **She**'s gone to London.

= 휴가 중이야. 런던에 갔어. → (NOT) She's been to London.

1 또는 '상황'에 따라서는 has been to의 의미로 해석도 가능하다. 하지만 동사 go의 기본적인 의미가 go away 즉 '여기를 떠나서 다른 곳으로 가다'의 의미이고, 특히 주어가 '나'가 아닌 '3인칭'인 경우, has gone to의 의미는 '~로 가서 현재 이곳에 없다'로 이해되는 경향이 있다.

1 Fluency development with dialogs

1 상황) 오늘 밤 저녁 식사 예약을 위해 식당에 전화하는 상황

A 안녕하세요. 오늘 저녁, 5명, 예약하려고요.

____

= Hi. I'd like to make a reservation for tonight for five people.

B Sorry, we're all booked for tonight.

죄송합니다만 오늘 밤은 예약이 다 찼습니다.

A 아 그렇군요. 그럼 내일은 테이블이 있을까요?

____

= Oh, okay. Then can we have a table for tomorrow?

B Let me check. Please wait a moment. (silence) Thank you for waiting. Yes, we have tables available beginning at 2pm tomorrow.

확인해 보겠습니다. 잠시만 기다려 주세요. 기다려 주셔서 감사합니다. 네, 내일 오후 2시부터 예약이 가능하세요.

→ wait a moment = wait for a short time

2 상황) 호텔에서 체크인을 하는 상황

A Hi.

안녕하세요

B Hello. How may I help you?

안녕하세요. 어떻게 도와 드릴까요?

A '박수정' 이름으로 예약이 되어 있어요.

= I have a reservation under the name of Sujung Park.

B Okay. May I see your ID, please, ma'am?

알겠습니다. 신분증을 보여주시겠어요?

→ may = (modal) 정중하게 허락을 구할 때 사용하는 조동사

ma'am은 나이든 여성(older women), miss는 나이 어린 여성(younger women)을 호칭할 때 사용

A I have a passport. Would that be okay?

여권이 있는데요, 괜찮을까요?

B Sure. (손님에게서 여권을 건네 받으면서) Thank you. Do you have a credit card, Ms. Park?

물론이죠. 감사합니다. 신용카드 있으세요? → Ms.는 여성의 결혼 여부를 모를 때 사용하는 호칭

A 네 있어요. Visa 카드 받으시나요?

= Yes, I do. Do you take Visa? = Will Visa do? → do = be acceptable

→ (Ch. 2) 신용카드 받으시나요? = Do you take credit cards?

(Ch. 5) (Server to customer)

A We don't have the cake dessert you requested, but I brought you some pie instead. = 요청하신 케이크 디저트가 없어서 대신에 파이를 가져왔습니다.

B That'll do. Thank you. (= That's suitable / satisfactory.)

그거면 돼요. 고마워요.

B Sure.

물론이죠.

3 상황) 공인 영어 시험의 말하기 섹션의 질문에 답을 하는 상황

A What do you like to do in your free time? Why do you like to do it?

여가 시간에 무엇을 하는 것을 좋아하시나요? 왜 좋아하시나요?

B 저는 탁구 치는 것을 매우 좋아합니다. 왜냐면 탁구는 재미가 있고, 탁구를 칠 때는 어떤 문제도 생각하지 않기 때문입니다. 탁구는 제가 긴장을 푸는 데 도움이 됩니다. 저는 또한 저와 함께 탁구 치는 사람들을 좋아합니다. 그들은 열정적이고 굉장히 우호적입니다. 탁구는 새로운 사람을 만나고 친구들을 사귈 수 있는 좋은 방법인 것 같습니다.

= I'm really into table tennis because it is fun and when I play it, I don't think about any problems. It helps me unwind (OR wind down OR relax). I also like the people I play it with. They are enthusiastic and very friendly. I think table tennis is a great way to meet new people and make friends.

2 Fluency development in sentences

1 이번 다가오는 방학이 너무 기대돼.

= I can't wait for this upcoming vacation.

= .... to come.

2 그동안 못 봤던 드라마랑 영화 모두 몰아볼 거야.

= I'm going to binge-watch all the dramas and movies I've missed.

3 어떻게 캠핑에 관심을 가지게 되었어요?

= How did you get into camping?

4 제 친구 때문에 캠핑에 관심을 갖게 되었어요.

= A friend of mine got me into camping.

5 저는 명상하는 것 좋아해요. 왜냐면 명상하면 긴장이 많이 풀리거든요.

= I like meditation because I find it very therapeutic (OR very relaxing).

= .... it is very therapeutic (OR very relaxing).

박수정

미국 University of Illinois at Urbana-Champaign 영어교육학 석사/박사

미국 University of Illinois at Urbana-Champaign 산하 ESL 프로그램 강사

미국 University of Illinois at Urbana-Champaign MATESL 대학원 강의교수

현 한양사이버대학교 영어학과 교수

—

[저서]

INTRODUCTION TO ENGLISH LANGUAGE LEARNING STRATEGIES FOR KOREAN LEARNERS

CONTEXTUAL ENGLISH VOCABULARY & GRAMMAR FOR KOREANS
: SENTENCES, DIALOGS, & STORIES

제2언어 습득 이론과 어휘 — 문법 통합 학습 원리를 기반으로

펴낸날 2023년 8월 31일 초판 1쇄

지은이 박수정 · **펴낸이** 이기정

펴낸곳 한양대학교출판부 · **출판등록** 제4-7호(1972.2.29)

주소 서울 성동구 왕십리로 222 · **전화** 02.2220.1432-4 · **팩스** 02.2220.1435

홈페이지 press.hanyang.ac.kr · **이메일** presshy@hanyang.ac.kr

편집·본문디자인 김민지 · **표지** 안광일 · **인쇄** 네오프린텍

값 **25,000원**

ISBN 978.89.7218.777.6 (93740)